# 哈佛大學

Harvard

# 社交課大公開

從默默無聞到脫穎而出

黃檳傑—著

No.1

# 哈佛大學社交課大公開

Contents 目錄

# 哈佛大學社交課大公開

Contents 目錄

## 第5課　成熟處世，讓你「明哲保身」的社交技巧／101



## 第6課　三分鐘讀懂人心，掌握社交主動權／129

# 哈佛大學社交課大公開

Contents 目錄

# 前言

哈佛大學是全世界最具影響力的頂級學府之一，三百多年間培養出了八位美國總統、三十四位諾貝爾獎獲得者、三十二位普利茲獎獲得者、數十家跨國公司總裁……哈佛靠什麼打造了這些精英？

哈佛大學教授、著名心理學家丹尼爾‧戈爾曼有句至理名言，揭示了哈佛學子乃至所有精英成功的秘訣：**「專業知識在一個人的成功中只發揮百分之十五的作用，而其餘的百分之八十五則取決於人際關係。」**

相比於其他大學看重分數，哈佛則更看重學生的綜合素質，更注重對學生的興趣和愛好的培養和其綜合能力的提高，也就是我們說的社交能力。隨著社會的進步和文明的發展，人們的社會交往日益頻繁。社交作為人們相互間聯繫溝通、交往的紐帶和橋樑，顯得更加重要。

從工作角度講，現代社會分工越來越精細，幾乎沒有人可以脫離他人而獨立完成一件事；從生活角度講，現代社會已經沒有了「世外桃源」，通信的高度發達，資訊的快速增長，讓所有個體都成為整個社會鏈條中的一環，想兩耳不聞窗外事就變得越加困難。

因為一個人要不可避免地與他人產生聯繫，因此社交就變得異乎尋常的重要。

人呱呱墜地之後，就從自然人逐步轉變為社會人了。一個人要想生存和發展下去就必然要進行社會交往。它是人的本性，即社會性的要求，是人的本質及其表現。因為一個人不可能孤立地生活在這個世界上。

人與人之間進行社會交往不僅是為了滿足物質需求，也是為了精神的需要。物質上的往來可以讓我們更好地生存下去，而精神上的滿足則可以讓我們與別人進行語言、思想、感情的交流，以求得互相瞭解，互相關心，互相支持，互相激勵。只有這樣，我們才會擁有一個幸福完整的人生。

然而，由於環境、性格、心理等因素，許多人經營不好自己的人際關係，便陷入矛盾與痛苦之中。哈佛心理學家指出：「那些在人際關係中出現問題的人，多多少少都會存在一些心理問題，即與人交往的心理障礙。在與人交往的時候，他們通常會更多地表現出自負、自卑、多疑、敏感、嫉妒等消極心理，從而導致人際交往的一次次挫敗。如果人們沒有足夠的智慧去化解這些衝突，那麼就會遭遇社交危機，甚至會出現與人交往的心理障礙，從而感到生活的幸福感減少了。」

哈佛一項研究，人際交往與心理健康之間有著重要的聯繫。一方面，良好的人際關係源於健康的心理狀態。那些美好的行為品質如自信、樂觀、從容、友愛、謙虛、寬容等，都可以對人際交往起到促進的作用。而另一方面，健康的人際關係也可以幫助人舒緩壓力、平復情緒，對人們的個人發展、身心健康起到積極的作用。

為了解決社交中的困惑，哈佛大學的社交公開課就應運而生了。本書是一部助人成長、幫人成功的實用社交工具書，總結了哈佛大學的先進社交經驗，搜集了人脈建設出色實例，以無形的人脈換有形的成功。有了這個人際交往全程顧問，你的人脈網路將得到鞏固，成功高峰也變得容易攀登。

它擺脫了冗繁的理論帶來的無益說教，也避免了因過於實際而產生的人情冷漠、「厚黑」當先的消極思想，著重於與人交往的思路和方法，是一本有樣可學的實用手冊。

# 第 1 課
## 成功的第一塊基石是人際關係

哈佛大學認為，專業知識在一個人的成功中只發揮15%的作用，而其餘的85%則取決於人際關係。

# 你的朋友決定你的人生

一個生活在混日子的人堆中的人要想成為事業有成的人，必要時要與自己這個階層說拜拜。這絕不是背叛，而是一種自我發展和改造。

——哈佛箴言

在哈佛大學一個主題為「創造財富」的論壇上，主持人說：「請大家寫下和你相處時間最多的五個人，也就是與你關係最親密的五個朋友，記下他們每個人的月收入，從他們的收入我就知道你的收入。為什麼？因為你的收入就是這五個人月收入的平均數。」

大家都覺得這是一個玩笑，自己的月收入怎麼會由朋友決定呢？但是，當他們寫下最親密的五個朋友的財務狀況時，很快發現自己的收入真的和他們差不多。月收入三萬的人，他的朋友們月收入也大多是三萬元；資產有一百萬元的人，他的朋友們大約也有一百萬在賬；而使用信用卡循環利息的人，他的朋友們也幾乎都處於負債的邊緣。

其實，這並不是什麼奇怪的巧合，而是應了中國那句古話「物以類聚，人以群分；近朱者赤，近墨者黑」。稍微細心一點，你就會發現在現實生活中，醫生的朋友通常也都是醫生；計程車司機的朋友，通常也都是計程車司機；當老闆的人，他們的朋友通常也都是老闆；科學家的朋友通常也都是科學家……

想想看，你的很多決定或者想法，甚至是一些生活方式和習慣是不是都和你親密的朋友有關？我們永遠無法否認朋友對我們的影響。有句話說，你想成為什麼樣的人就和什麼樣的人在一起。想成為健康的人，那你就和健康的人在一起，因為他會告訴你如何保養身體；想成為快樂的人，就和快樂積極的人在一起，因為他會告訴你如何擁有快樂積極的心態。而如果你想減肥，千萬不要和一個身材肥胖的人在一起，因為除了遺傳因素，一個人會發胖是因為他從來不節制食欲，而且通常他會堅持一種不在乎胖的理論，你常跟他在一起，就會不知不覺中受到他的影響，那麼你的瘦身計畫就不可能成功了！

美國一個科研機構調查後認為，一個人會失敗，百分之九十是因為這個人周圍的親友、夥伴、同事、熟人都是失敗和消極的人。如果你習慣選擇與自己同水準甚至水準更低的人交往，那麼他們將在不知不覺中拖你下水，並使你的遠大抱負日益萎縮。

這就是朋友與朋友對一個人的影響力。猶太教的經典《塔木德》中有一句話：**「和狼生活在一起，你只能學會嗥叫；和那些優秀的人接觸，你就會受到良好的影響，耳濡目染，潛移默化，成為一個優秀的人。」**

哈佛大學認為：你想成為什麼樣子的人，就應該和什麼樣子的人在一起。如果你想成為一個成功人士，那麼無論你多自卑，都要堅持與成功人士站在一起。性格有缺陷的人只有站在成功人士的旁邊，汲取他們成功的思維方式，比肩他們拚搏的姿態，才能真正實現自己的人生目標。

# 人緣是評估個人競爭力的標準

朋友是評估一個人競爭力的重要標準。朋友多、人脈廣，在商場上的競爭力就強。

——哈佛箴言

哈佛大學認為，在現代商業社會，要生存、發展就必須具有較強的競爭力。人與人之間的競爭不僅包括才能、素質等方面，還有人際關係的方面。有好的人緣，做起生意來就會得到眾人的支持，在與對手的競爭中就會處於優勢地位。而人緣差的話，你困難的時候就很難得到幫助，甚至還會有人乘機跳出來踩你兩腳。

周航經營著一家服裝廠，他主要做出口生意，很少內銷。周航常說：「眼睛只盯著錢的人做不成大買賣。買賣中也有人情在，抓住了這個人情，買賣也就成功了一半。」周航對此是深有體會的。

有一次，一個義大利客商訂購了五十套西裝，周航按照對方的要求包裝完畢後運到碼頭準備發貨。就在這時，這個義大利客商卻突然打來電話請求退貨，原因是該客商對當地市場估計錯誤，這批貨到義大利後將很難銷售。

退貨的要求是毫無道理的，周航大可一口拒絕，反正合同都已經簽了，但經過兩天考慮，周航卻決定答應對方的退貨請求，因為對方答應支付包裝、運輸等一切費用；而且這批西裝是外貿產品，在國內市場上應該可以很快銷售出去，所以周航等於沒有什麼損失。而最大的好處是，他這樣做等於幫助了義大利客商，雙方將建立良好的合作關係。

事情果然如周航所料，義大利客商非常感謝周航的大度，表示以後在同類產品中將優先考慮周航的產品，他還不斷向自己的朋友誇獎周航，為周航介紹了很多生意。就這樣，周航以他富有人情味的生意經成功地在國際市場上站住了腳。兩三年內，周航的工廠不斷擴建，有六百多名工人為他工作，他的生意越做越大。

周航是非常聰明的，他清楚地認識到人緣對生意的重要性。如果當時他拒絕了義大利客商的退貨，那麼雖然他做成了一筆生意，但卻會損失這個客戶。而答應了退貨的要求表面上是吃了點虧，但他卻交到了一個朋友，孰輕孰重，明眼人一看就知道了。

當今社會，朋友對你的發展帶來的影響越來越大，所以，我們除了要努力加強自己的才能外，還要留意人際關係，讓自己有個好人緣，這樣才能適應日益激烈的市場競爭，並在競爭中取勝。

如果你希望在成功的道路上快馬揚鞭，就必須擁有優質的朋友圈。實際上，所謂的「走運」多半是由暢通的人際關係展開的。一個能認同你的做法、想法與你的才華的人，一定會在將來的某一天為你帶來好運。

究竟誰會對你伸出援助之手，哪裡才有這種人呢？這個問題沒有人能夠回答。只能這麼說：任何人都有可能成為施以援手的友人，他可能是你工作上的夥伴或上司，可能是學校裡的同學，甚至有可能是一位萍水相逢的陌生人；但一般來說，朋友的範圍越廣，開創成功未來的機率就越大。

## 敞開心扉，去尋找生命中的「貴人」

要想成功，僅有曠世才華遠遠不夠，還要找到賞識你的貴人。

——哈佛箴言

哈佛大學告訴學生們，人生之路充滿艱辛。所幸的是，我們會在人生的道路上遇到一些能夠提攜、幫助我們的貴人，在貴人的幫助下，我們才得以告別平庸，出人頭地。

美國歷史上出現過兩個羅斯福總統，老羅斯福是希歐多爾．羅斯福，小羅斯福是佛蘭克林．羅斯福。老羅斯福與小羅斯福是堂叔侄關係。

小羅斯福進入哈佛大學以後一直想出人頭地。哈佛與其他的美國學校一樣，把體育活動放在很重要的位置，可羅斯福的體格使他不能在這方面有所發展。他太瘦了，身材較高，體重卻不及常人。因此，橄欖球隊、划船隊他都未能入選，只能當個啦啦隊隊長。他感覺自己在體育方面毫無出路了，於是決定另謀他途。

他看中了哈佛校刊。做校刊的編輯是非常引人注目的，然而這並非易事。為了達到目的，他巧妙地利用了其堂叔老羅斯福的影響。

老羅斯福當時正擔任紐約州州長。小羅斯福來到堂叔家裡，稱哈佛學生都很崇拜老羅斯福，尤其想聽聽老羅斯福的演說，一睹州長的風采。老羅斯福一高興，就來到哈佛發表了一場演說，演說從頭至尾都由小羅斯福一手操辦。而且演說結束後，老羅斯福又接受了小羅斯福的獨家採訪。這樣一來，校刊編輯部便注意到了小羅斯福，認為他有當記者的才能，於是聘用他做助理編輯。

不久，他的堂叔作為麥金利的競選夥伴，與民主黨的布萊恩競選總統。哈佛大學校長的政治傾向自然是引人注目的。小羅斯福決定充分利用這次機會，向主編提出要採訪校長。主編認為這是徒勞，而小羅斯福卻堅持要試試看。

校長接見了這位一年級的新生。面對威嚴的校長，小羅斯福並沒有被嚇倒，他堅持要校長表明自己將投誰的票。校長很賞識他的勇氣，高興地回答了他的問題。小羅斯福因此名聲大噪，不但哈佛校刊上刊登了小羅斯福採寫的獨家消息，全國各大報紙也紛紛轉載，小羅斯福一時成為哈佛街談巷議的話題。臨近畢業時，他當上了哈佛校刊的主編。

小羅斯福大學畢業時，除哈佛圈子裡的人外，沒什麼人知道他。一九〇四年，他不顧母親的反對與遠房表妹訂婚。一九〇五年，他們在紐約舉行了盛大的婚禮。小羅斯福特別邀請了在總統任上的老羅斯福參加。舉行婚禮那天，賓客如潮，但大部分人是為瞻仰總統風采而來。經過這次婚禮，小羅斯福的名氣更大了。

小羅斯福三次巧借堂叔的力量和威名來抬高自己，達到了出人頭地、引人注目的目的。老羅斯福就是幫助他達到目的的貴人。

敞開心扉，去尋找你生命中的貴人吧！一個沒有朋友的人在這個社會上是很難立足的。尋找你生命中的貴人，同時，也努力讓自己成為別人的貴人。

# 畫出自己的朋友圈

朋友圈，並不一定是真正的圈，也可能是表格，也可能就是一堆記錄，一個電話簿、名片夾。形式可以多樣，但它們都應該有這樣的功效：清楚地展現自己現在的朋友狀況。至少你能夠回答：自己認識了多少人，都是什麼樣的人。

——哈佛箴言

擴充自己的朋友圈並非一朝一夕之事，所謂「謀定而後動」，必須先有一個總體規劃，從宏觀上審視自己所有的朋友，以此做到把握全域，成竹在胸。

下面是哈佛大學教你的一「圈」打盡法則，能夠讓你瞭解朋友們的現狀，分析他們的前景，規劃拓展朋友圈的方向，對於將來如何進一步行動做到心中有數。

### 第一，對自己的朋友進行歸類

與朋友交往既有人情關係，也有人際關係，所以對朋友的第一層分類就依此劃分：人情關係一類，人際關係一類。

不過，這兩種屬性並非截然分明的，在很多人的身上都兼而有之，所以就按照自己當時的期望進行分類。凡期望積累感情的，無論是親戚、同學，還是客戶、同事都可以算作人情一類；另一方面，凡是近期之內和自身的工作有較強的相關性，並且可能對自己的事業發展有利的關係，就把它放在人際關係一類。需要注意的是，不同時候同一個人也可能在不同的類別裡。

### 第二，按照認識的來源進行歸類

同學一類、親戚一類、工作後的朋友一類、客戶一類等。

這樣下來，從源頭理起直到各個分支，脈絡分明，一目了然，可以清晰地梳理各種朋友關係，明確每個節點對應朋友在網路中的位置。使用試算表進行這項工作，管理起來非常方便，無論是增刪添減還是修改資料都很容易，所以首推這種方式。

接下來，按照分類，把自己能夠想起來的人一個個對號入座。但不是簡單地放上名字就行了，還應該附上對方的基本資訊，例如工作、職位、聯繫方式；可能的話還包括比較私人化的資訊，例如家庭、婚姻狀況，是否有老人和孩子，事業的發展前景，興趣特長在哪方面，他們的朋友如何等。越是對你重要的人，其資訊越要詳細，便於做針對性的處理。為了表格形式上的簡潔，每個名字都應當做成超連結，一點擊就可以看到其資訊介紹。

掌握這些資訊，除了當面瞭解之外，還要注意側面的探尋，如同中醫療法裡的「望、聞、問、切」，靈活選擇方式，綜合運用，儘量全面瞭解每一個結識的人。這是個不斷積累的過程，不必急於一時，免得讓對方感覺你為人太過功利。只要有心，就能逐步建立起自己的朋友資料庫。

**第三，對資訊進行匯總，不斷更新**

每隔一段時間，就應該審查一下自己的朋友網路圖。比如，認識的朋友有多少人？哪些是熟識的？哪些很久沒有往來了？哪些是新結識不久的？統計這些數字，讓自己心中有數，再前後比較一下，就能看出現在自己在朋友方面的總體狀況如何，發現問題所在，據此指導並修正自己下一步的行動。還有臨時性的需要跨類別的匯總工作，例如按照自己近期的朋友需求總匯，哪些人對自己有直接的幫助，哪些能夠提供意見指導。這種臨時性的匯總往往能夠讓自己真正從朋友中收到實效。另外，及時地更新資料是必要的。

現代社會日新月異，節奏很快，個人的發展也是如此，往往「士別三日，當刮目相看」，所以要不斷地追蹤朋友網中每個人的新狀況。毋庸諱言，有需要淘汰的，同時更有需要添加和豐富的，及時更新這些資訊，據以調整自己的朋友拓展部署，才能讓朋友網路圖真正發揮其最大作用。

用這三步走的方法，你就可以迅速建立起自己的朋友網路。另外，需要提醒的是，當有閒暇時，你就去看看，看看哪位朋友久未聯繫，應當致電問候；每當你需要幫助的時候也去看看，就會發現原來救星是如此近。這樣會讓你感到生活充實，對未來充滿信心。

# 「二八法則」優化你的朋友圈

一個高品質的朋友圈是什麼樣的呢？就是保證每個在圈子中的人在關鍵時刻都能幫上你的忙，讓圈子中的每個關係節點都保持有效性。

——哈佛箴言

哈佛大學有一個經典的「二八法則」，通常當你真正發生財務危機時，百分之八十的所謂朋友不但不會主動借錢給你，還會不接電話，甚至躲得遠遠的；大概有不到百分之二十的朋友，願意給你正面的影響和幫助；但改變你命運的朋友，不會超過百分之五。

張曉和李霞相識多年，兩人關係不能說近，也不能說遠，但凡有兩人都會參加的聚會，她們就會寒暄兩句。有一次，她們兩人都認識的一個朋友結婚，於是她們又碰面了。席間，張曉談起她弟弟的事情，她弟弟畢業快一年了，至今都沒有找到合適的工作，全家都非常著急。

聽到張曉這樣說，李霞不假思索，拍著胸脯說，這件事情包在她身上了。當著大家的面，張曉也不好多問什麼，只得連連感謝李霞。過了幾天，張曉帶著弟弟親自到李霞家道謝，並打聽找工作的進展情況。不料李霞支支吾吾，口氣也變了，說：「何必那麼心急呢，我回去跟人事部商量一下再說嘛！畢竟招聘員工是人事部門的事。」

看到這種情景，張曉很生氣，拉著弟弟走出了李霞家。

實際上，當時李霞是想在眾人面前炫耀一下自已的本事，並不是真心想幫忙。在現實生活中，這種人前一套背後一套的人，最不應該與之交往。因此，如果你的圈子中有這樣的人，要堅決剔除掉，以免壞了心情，浪費感情。

你大可不必對圈中所有的人都一視同仁，更不要把精力和信任放在酒肉朋友身上，而應該抽取百分之八十的時間用在最重要、最牢靠、對人生有好的影響和幫助的百分之二十的朋友身上，努力認識關鍵或重要的人。

正如已故的管理大師德魯克所說的，清理你的朋友就像清理你的衣櫃一樣，只有將不合適的衣服清出衣櫃，才能將更多的新衣服放入衣櫃。同理，只有不斷地認識那些能夠改變或幫助你的人，才能構建高品質的朋友資源庫。

因此，你需要做的就是，定期清理和優化你的朋友圈。如果你對你的朋友關係不聞不問，那麼你的人際關係就可能惡化、流失甚至變質。

朋友圈子可以說就是一個大染缸，它可以把你染紅，也可以把你染綠，它可以是一個良性的環境，也可以是一個惡性的沼池。

建立一個良好的朋友圈並定期清理和優化，在這樣的朋友關係網絡中成長，你一定會成長得無比健康；而如果你的朋友關係網絡被污染了，惡習遍佈，人人猜忌，互為禍害，那麼你的一生就有可能為之所毀。

# 第 2 課
## 尊重他人，
## 社交的第一原則

哈佛專家指出：在社會交往中，獲得尊重既是一個人名譽地位的顯示，也表明他的品行、學識、才華得到了認可。因此，那些懂得尊重別人的人，人們對他產生好感就是情理之中的事情了。

## 永遠讓對方感覺到他的重要性

每個人都喜歡被人重視的感覺，這是人類的天性。每個人都有虛榮心，每個人都應該將其銘記於心。

——哈佛箴言

哈佛的心理學家曾經說過，每個人的心裡都有一個無意識的標籤，就是別人尊重自己。

人最在乎的就是別人是否看重自己，是否感覺到自己很重要。如果在有求於人或者與人溝通的時候懂得無形之間增加對方的必要性，那麼對於對方而言，他就會覺得自己得到了尊重，談起事情來也就順利多了。

第一次世界大戰之慘烈，可謂狀況空前。美國政府迫切需要看到和平的曙光，威爾遜決心為此而努力，他準備派遣一位私人代表作為和平特使，與歐洲軍方進行協商、合作。

國務卿勃萊恩一貫主張和平，極想獲得這個機會，他知道這是立大功並且可以名垂青史的好機會。但威爾遜卻委派了他的好朋友赫斯上校。赫斯上校當然覺得萬分榮幸，但將這一消息告知勃萊恩又不觸及他的自尊，卻是一件十分棘手的工作。

「當聽說我要去歐洲做和平特使時，勃萊恩顯然十分失望，他說他曾打算去幹這事。」赫斯上校在日記中這樣寫道，「我回答說，總統認為其他人正式地去做這件事不太適宜，而派你去，則目標太大，容易引起注意，會有太多猜疑，為什麼國務卿到那裡去呢？」

從赫斯上校的話中我們可以聽出一種弦外之音，這等於在告訴勃萊恩，他太重要了，不適宜親自去做這一工作——這樣便使勃萊恩的虛榮心獲得了滿足。赫斯上校十分精明，他在處理這一事情的過程中遵守了人際關係中的一個重要準則：滿足他人的虛榮心，永遠使對方覺得自己很重要，他會依從你的感覺。

拿破崙稱帝時，他是如何安撫那些為他出生入死的將士的呢？

據說，他一共頒發了一千五百枚徽章給他的將士，賜封他的十八位將軍為「法國大將」，稱他的部隊為「王牌軍」。

有人批評拿破崙給老練的精兵一些「玩物」，而拿破崙回答說：「人們本來就是被玩物所左右的。」

心理學家馬斯洛曾指出，每個人都希望自己的能力和成就得到社會的承認，這就是尊重的需要。它又可分為內部尊重和外部尊重。內部尊重是指一個人希望在各種不同情境中有實力、能勝任、充滿信心、能獨立自主。

其實，內部尊重就是人的自尊。外部尊重就是指一個人希望有地位、有威信，受到別人的尊重、信賴和高度評價。所以，當你讓對方感覺到他非常重要，給了他充分的尊重後，他會感覺很舒適，很容易就接納你，從而幫助你實現你的目標。

# 雪中送炭勝過錦上添花

路邊一位找不到方向的盲人，他只是需要你伸出關愛之手幫他找對方向或帶他走一段路，而不是要你告訴他在哪兒可以坐公車。

——哈佛箴言

每個人活在這個世上，都不可能不有求於人，也不可能沒有助人之時。當你打算幫助別人的時候，請記住一條哈佛大學的規則：救人一定要救急。

一般說來，對別人的幫助要恰到好處，更要落到實處。我們常常用兩肋插刀來形容朋友之間很深的情誼，當朋友有難時，我們能夠不顧一切地去幫助他，這才是真正的幫助。

通常，人們最重視雪中送炭，而非錦上添花。人的一生不可能總是一帆風順的，難免會碰到失利受挫或面臨困境的情況，這時候最需要的就是別人的幫助，這種雪中送炭般的幫助會讓人記憶一生。

其中的道理很簡單：如果他人有求於你了，這說明他正等待著有人來相助，如果你已經應允了，那就必須及時相助。如果他人沒有應急之事，也不會向你求助，因為一般人都不願求人。可是事情到了緊要關頭，不求人就毫無辦法，甚至會失去生存能力，那怎麼辦呢？一旦你答應幫助他，他心存感激之餘當然會把希望完全寄託在你的身上，如果你最後幫得不及時或者沒有去幫，只會適得其反，你反而會遭到怨恨。

在三國爭霸之前，周瑜並不得意，他曾在軍閥袁術手下為官，被袁術任命居巢長，就是一個小縣的縣令。

這時候地方上發生了饑荒，年成既壞，兵亂間又損失很多，糧食問題就日漸嚴峻起來。居巢的百姓沒有糧食吃，就吃樹皮、草根，很多人被活活餓死，軍隊也餓得失去了戰鬥力。周瑜作為地方官，看到這悲慘情形急得心慌意亂，卻不知如何是好。

有人給他獻計，說附近有個樂善好施的財主叫魯肅，他家素來富裕，想必一定囤積了不少糧食，不如去向他借。

於是周瑜帶人登門拜訪魯肅，寒暄完畢，周瑜就開門見山地說：「不瞞老兄，小弟此次造訪是想借點糧食。」

魯肅一看周瑜丰神俊朗，顯而易見是個才子，日後必成大器，頓時產生了愛才之心，他根本不在乎周瑜現在只是個小小的居巢長，哈哈大笑說：「此乃區區小事，我答應就是。」

魯肅親自帶著周瑜去查看糧倉，這時魯家存有兩倉糧食，各三千斛，魯肅痛快地說：「也別提什麼借不借的，我把其中一倉送你好了。」周瑜及其手下一聽他如此慷慨大方都愣住了，要知道，在如此饑荒之年，糧食就是生命啊！周瑜被魯肅的言行深深感動了，兩人當下就交上了朋友。

後來周瑜發達了，真的像魯肅想的那樣當上了將軍，他牢記魯肅的恩德，將他推薦給了孫權，魯肅終於得到了發展事業的機會。

魯肅在周瑜最需要糧食的時候送給了他一倉糧倉，這就是所謂的雪中送炭。在生活中，很多人總是在別人不是很需要的時候拉上一把，以便使之錦上添花。但其實，錦上添花不如雪中送炭。當他人口乾舌燥之時，你奉上一杯清水，這勝過九天甘露。如果大雨過後，天氣放晴，再送他人雨傘，就已沒有絲毫意義了；如果人家喝醉了還給人敬酒，這未免太過於虛情假意了。我們在幫助別人時一定要注意這些。

「患難之交才是真朋友」，這話大家都不陌生。

晉代有一個人叫荀巨伯，有一次他去探望朋友，正逢朋友臥病在床，這時恰好敵軍攻破城池，燒殺擄掠，百姓紛紛攜妻挈子，四散逃難。朋友勸荀巨伯：「我病得很重，走不動，活不了幾天了，你自己趕快逃命去吧！」

荀巨伯卻不肯走，他說：「你把我看成什麼人了，我遠道趕來就是為了來看你。現在敵軍進城，你又病著，我怎麼能扔下你不管呢？」說著便轉身給朋友熬藥去了。

朋友百般苦求，叫他快走，荀巨伯卻端藥倒水安慰說：「你就安心養病吧，不要管我，天塌下來我替你頂著！」這時「砰」的一聲，門被踢開了，幾個兇神惡煞般的士兵衝進來，對著他喝道：「你是什麼人，如此大膽，全城人都跑光了，你為什麼不跑？」

荀巨伯指著躺在床上的朋友說：「我的朋友病得很重，我不能丟下他獨自逃命。」他正氣凜然地說，「請你們別驚嚇了我的朋友，有事找我好了。即使要我替朋友而死，我也絕不皺眉頭！」

敵軍一聽愣了，聽著荀巨伯的慷慨言語，看看荀巨伯的無畏態度，很是感動，說：「想不到這裡的人如此高尚，我們怎麼好意思侵害他們呢？走吧！」說著，敵軍就撤走了。

患難時體現出的正義能產生如此巨大的威力，說來不能不令人驚歎。我們總會在現實生活中遇到一些困難，遇到一些自己解決不了的事情，這時候，如果我們能得到別人的幫助，我們將會永遠銘記在心，感激不盡，甚至終生不忘。瀕臨餓死時送一個蘿蔔和富貴時送一座金山，就其內心感受來說是完全不一樣的。我們要做的，不是在別人富有時送他一座金山，而是在他落難時送他一杯水、一碗麵、一盆火。雪中送炭，才能顯示出人性的偉大，才能顯示友誼的深厚。

# 提前給朋友幫助，不要總是等別人求你

聰明人都明白這樣一個道理：幫助自己的唯一方法，就是主動地去幫助別人。

——哈佛箴言

你的朋友是否常對你說「幫我一次，可以嗎」。倘若真是這樣，請改變你的作風，不要總是讓朋友開口求你，試著自發、提前給予朋友幫助，效果也許會更好。

畢業於哈佛大學的著名作家阿爾伯特•哈伯德曾說：「聰明人都明白這樣一個道理：**幫助自己的唯一方法，就是主動地去幫助別人。**」

俗話說：「多一個朋友，多一個後盾。」友誼靠的就是互助來維繫，這一次你主動幫助了別人，下一次別人也會主動給予你幫助。所以，不要吝惜你的主動和熱情，朋友有難時，自發地給予一些幫助，比朋友開口求你時所得到的效果會更加明顯。

日常生活中，只要朋友需要幫助，並且是形勢所迫、合理合法的，我們就應該伸出援助之手，而且這個幫助儘量要在朋友開口之前。即使沒有回報，也會有個舒暢的心情做補償不是嗎？如果你在朋友有難之時總是袖手旁觀，等待友人來求助，再思量是否要提供幫助，那麼你的人脈必然是難以拓寬，也不會變得堅實的。我們要把每一次助人看成一個機會，一次拓展人脈的機會，而機會是自己抓住的，不是別人給的。

二十世紀七〇年代初，陳玉書帶著家人來到了香港。抵港之初，陳玉書身上只有五十港元。為了一家人的生活，他什麼髒活累活都做過，甚至還去當過「地盤工」，但是日子仍然難以維繫。每天中午，他總是獨自一人就著開水啃麵包；捨不得買報紙，他就撿別人丟棄的舊報紙來看。為了減輕負擔，他和妻子「約法三章」：「誰也不准生病。」

雖然陳玉書汗流浹背地苦幹，但命運之神卻總是和他開玩笑。不久，填海工程結束，陳玉書失業了，生活一下子跌到谷底。他不得不又一次四處求職，卻因僧多粥少而屢屢被拒之門外。

可偏偏在這時，他的妻子又懷孕了，他的經濟能力無法再撫養一個孩子，只好找醫生給妻子做人工流產。可是，他連做手術的費用都支付不起，只能四處奔走找朋友幫忙，好不容易才湊齊那筆款子。日後，他回憶起那段生活，說：「那真是殘酷的人生。」

為此，陳玉書常常陷入苦惱之中。有一天，他到公園小憩，看見一位婦女把小孩抱上鞦韆，卻幾次都無法把鞦韆盪起來。陳玉書主動上前幫了她一把。在交談中，陳玉書得知這位太太是印尼華僑，她的丈夫是印尼領事館的高級官員。

事情總是如此湊巧，不久後，陳玉書的朋友有一批貨在印尼領事館辦商業簽證時遇到了麻煩，陳玉書便找剛結識的這位太太幫忙。朋友的問題不但得到了順利解決，並且在稅率上享受了優惠待遇，節省了一大筆錢。陳玉書也因此獲得了自己的第一桶金——五萬美元的酬金。陳玉書沒有亂花這筆錢，而是用來開創自己的事業。他的精明和講義氣讓他結識了大量朋友，人脈逐漸廣闊。最後陳玉書成了香港著名的「景泰藍大王」。

主動幫助別人其實也是一次自我提升。在幫助別人的過程中學習到自己尚未掌握的本領以及經驗，未雨綢繆。可見，當你決定去主動幫助別人時，你就已經收穫到一份難得的人生經驗和智慧了。再加上幫助朋友所得的情誼和名聲，我們還有什麼理由選擇不去主動幫助朋友呢？

自發性地幫助別人是一種美德，這種美德會使你的人格更加仁厚、善良，也會使你愈發地受歡迎。當你把自發性地幫助朋友養成一種習慣後，朋友就會依賴你，並且把你當成知己和恩人。

哈佛大學的一位教授說過：「為了別人，請把你手中的蠟燭點燃，照亮別人的同時，最先被照亮的，肯定是你自己！」幫助別人就是在幫助自己，給現在的自己一份「明悟」，給未來的自己一份「禮物」。

# 授人以魚，不如授人以漁

助人助心，自立者方能自強。
——哈佛箴言

請給予他人所需要的，而不是你想給的。因為很多人對他人的關心，都是站在自己的角度，單方面地以自己的感情、想法、理解去給予，甚至不管別人是否需要，不問青紅皂白地就強加給別人。

哈佛大學曾訪問過一百位白手起家的富翁，發現他們都有一個共同的特點，就是他們都是優點的發現者，能看到其他人好的一面。

比如，美國的瑪麗•克羅萊女士所創辦的家務與禮品公司。開始時她一無所有，最後竟成功地成為一家堪稱銷售界楷模的公司。為什麼她能獲得如此驚人的成功呢？有人說，她的成功出自她深刻的信仰：她相信一個有信仰的人等於九十九個只有興趣的人；她相信每個人都有無限的潛能，如果你能從心理、道德、精神層面上幫助他們，他們也會在相同的基礎上跟你建立生意，助你賺錢。

英國電視製片人萊斯・布朗成名後經常回憶起大學時代的一位恩師，並且不止一次地對別人說，自己的今天都要歸功於那位教授，他點燃了自己心中的信心火焰。

讀大學時，布朗是一名「差生」，外語、數學和歷史考試經常不及格，暑假期間還被迫到補習班補習。他以為自己很笨，覺得自己比大多數同學都遲鈍，也不像他弟弟妹妹那樣聰明伶俐。就在他灰心喪氣、一蹶不振的時候，一位名叫卡爾的教授在聽了他的傾訴後非但沒有嘲笑他，反而鼓勵他說：「哦？布朗，沒關係的，它能說明什麼呢？它只能說明今後你還得更加努力才行。要知道，對未來命運和成就起決定作用的因素有很多。記住，千萬不要灰心，不要洩氣！」

在得到卡爾教授的鼓勵後，布朗好像變了一個人，對自己充滿了信心，對任何事情都勇於去嘗試、去奮鬥、去拚搏。後來，布朗的名字終於上了學校的榮譽冊。幾年以後，他又製作了五部專題片，並在電視上播出了。當他製作的節目《你應受報答》在教育台播出後，卡爾教授還專門給他打來了電話說：「你就是那個讓我感到驕傲的人，是嗎？」布朗也恭恭敬敬地說：「是的，先生，正是我。」

故事之所以動人，那是因為有助人的智慧在其中。不難想像，如果當年卡爾教授像其他人一樣嘲笑布朗，那麼後來的布朗又怎麼能夠樹立起信心呢？卡爾教授轉換了幫助布朗樹立信心的方法——安慰他、鼓勵他！

我們說的「智慧地助人」，就是不帶給被助者卑微感受的幫助。

有一次，一位紐約的商人把一枚硬幣丟進了一個賣鉛筆人的杯子裡，便匆忙踏進地鐵。過後他想了一下覺得這樣做不妥，又跨出地鐵，走到賣鉛筆人那裡，從杯中取走幾支鉛筆。他抱歉地解釋說，他在匆忙中忘記了帶走鉛筆，希望對方不要介意。

他說：「畢竟，你跟我一樣都是商人。你有東西要賣，而且上面也有標價。」然後他就趕下一班車走了。

幾個月後，在一個隆重的社交場合，一位穿著整齊的推銷員走到這個商人身邊，並自我介紹說：「您可能已經忘記我了，而我也不知道您的名字，但是我永遠忘不了您，您就是那個重新給我自尊的人。我一直是一個銷售鉛筆的乞丐，直到您跑來找我，並告訴我，我是一個商人。」說來有趣的是，後來正是這位昔日的乞丐，幫助這位商人把積壓的商品推銷了出去，還掙了不少錢。

助人的方式有很多種，古人就曾說「授人以魚，不如授人以漁」。可是當人們真正做善事的時候，又有幾個人真的考慮過被助者的心理？

哈佛專家提醒我們：助人助心，自立者方能自強。當我們做善事的時候，一定要多替對方考慮一下。沒幫到人事小，要是傷害了人，那就跟自己的初衷相差甚遠了。

## 做個能給朋友安全感的人

在與他人交往的時候，人們最關心的是：他是否重視我、他是否尊重我、我的話語是否有真知灼見、我的表述是否精闢等。一旦我們的做法或者態度給他人帶來不安全感的時候，我們就很難走進他人的心裡。

——哈佛箴言

「我能不能信任這個人？」這問題通常會讓許多人困惑。合作時笑臉相迎，發生衝突時就變得翻臉不認人。哪怕是朝夕相處的同事或者朋友，也會在發生利益衝突的時候變成敵人。對於「朋友」的不安全感，確實讓許多人感到困惑。

哈佛大學的心理專家分析：在現代社會，每個人都有一種心理，表面上看起來是比較平靜且有安全感的，實際上其內心深處則隱藏著各種的危險感或不安全感。

在人際交往當中對他人缺乏安全感的人越來越多，這些人在心理上明顯的表現就是不相信任何人，時刻處於戒備的狀態。在人際交往中，別人很難走進這些人的生活和心裡，也就很難取得這些人的信任。

人們在心理上缺乏安全感，很大程度是由自身造成的。人是生活在社會中的，人與人之間的交往在給人帶來各種好處的同時，也給人帶來很多的危險。身邊其他人的存在更會讓每個人擔心，因為，人是有心理的，而心理的變數是最多的。

那麼如何做個讓別人信任的人呢？哈佛心理學家提出的幾點也許可以幫到你。

## 營造具有舒適、安全感的交流環境

每個人都有一定的人際關係背景，並且有相應的行為模式。在交往的過程中，每個人都力圖創造出適合自己的情景模式。在與人交往時，首先要創造一個符合對方心理需求的交流情景，使對方的情緒處於一個愉悅的狀態。

有一項實驗，工作人員準備了兩個房間，一間陰冷、裝飾恐怖，另一間溫暖舒適。工作人員讓兩組觀察者和客人進行交流，並要求客人說出對兩組人的評價。

結果顯示，處在不同房間的客人對觀察者的評價和印象明顯不同。處在舒適房間的客人對觀察者的好評遠遠多於置身於不舒適房間的人對觀察者的評價。

實驗表明，舒適、安全的環境會排除人的恐懼心理，使人心情舒緩。所以，要想攻破他人的心理防線，就要先創造一個使人感到舒適、安全的環境。

## 言語巧妙，消除對方的言語戒備

以色列總理拉賓是和平的守衛者，他很少接受採訪，不喜歡和新聞界打交道。著名的電視節目主持人和記者水均益在採訪拉賓時採用了攻心策略，巧妙地打開了他的話匣子。

採訪拉賓時，水均益首先說道：「總理先生，一千多年前，一些猶太商人和拉比（猶太教士）帶著商品和在羊皮上寫成的《聖經》卷宗來到了中國的黃河岸邊。從那時起，猶太人民和中華民族有了第一次良好的交往。今天，您作為第一位來到中國的猶太國家的領導人，您給我們帶來了什麼呢？」

水均益這番話，既表明自己熟諳兩國歷史，使對方不敢小覷自己，又說出兩國的友誼源遠流長；同時，還顯露了自己對拉賓總理的信任與熱切期待，期待他的到來會揭開兩個民族之間友好交往的新篇章。

無疑，這是拉賓最喜歡的話題，就這個問題，他真誠而愉快地談了七分鐘。對向來不苟言笑的拉賓而言，這是破天荒的。

水均益運用語言技巧，從拉賓的願望、志趣、信仰、理想等方面入手，找到與拉賓的共同話題，投其所好，這就大大縮短了雙方的心理距離，引起對方的心理共鳴。

要突破他人的心理防線，就要在交流的過程當中巧妙施展語言技巧，找到共同話題，引導雙方進入自己設定的交流情境當中，爭取主動。

## 以情攻心，促其轉化

《觸龍說趙太后》中講述了觸龍勸說頑固的太后的事情。觸龍見到太后之後，先談健康問題，表示對太后的關心，消除了她的怒氣；繼而談愛子問題，用激將法說太后愛燕后超過了愛長安君，逼著太后吐露溺愛長安君的心事；然後又用趙王和諸侯的子孫為例，暗示太后的溺愛對長安君並沒有好處，並最終打動了太后。

觸龍之所以能勸說成功，除了具有高超的語言藝術外，還在於他深切地瞭解太后的心理。用真情實感去打動太后，喚起太后的愛子真情。

人非草木，孰能無情？有很多時候，人們即使在物質生活上得到了極大的滿足，也替代不了情感上的需要。對一些講義氣、重感情的人物，要充分利用其父母、子女的牽掛之情和親友之誼去打動他們，消除他們心理上的戒備，讓他們確認你就是那個他們最願意傾吐心聲的人。

## 尋求一致，以短補長

有一個小夥子愛上了一個商人的女兒，但女子始終拒絕他，因為他駝背很厲害看起來古怪可笑。

這天，小夥子找到女子，鼓足勇氣問：「你相信姻緣天註定嗎？」

女子眼睛盯著天花板答了一句：「相信。」接著女子反問他：「你相信嗎？」

小夥子回答：「我聽說，每個男孩出生之前，上帝便會告訴他，將來要娶的是哪一個女孩。我出生的時候，未來的新娘便已經配給我了。上帝還告訴我，我的新娘是個駝子。我當時向上帝懇求：『上帝啊，一個駝背的婦女將是個悲劇，求你把駝背賜給我，再將美貌留給我的新娘。』」女子看著小夥子的眼睛，內心深處被攪亂了。

最終，她把手伸向他，之後成了他摯愛的妻子。

與他人交往缺乏安全感的人經常處於「拒絕」的心理組織狀態之中，自然而然地會表現出不友好。因此，要想突破這樣的人物的心理防線，就要努力尋找與對方一致的地方，先讓對方贊同你遠離主題的意見，從而使其對你的話感興趣，而後再設法將你的主題引入，最終求得對方的同意。

## 循序漸進，欲進尺先得寸

當個體先接受了一個小的要求後，為保持形象的一致，他可能接受一項重大、更不合意的要求，這叫作登門檻效應，又稱得寸進尺效應。

心理學家認為，一下子被別人提出一個較大的要求，人們一般很難接受。如果逐步提出要求，不斷縮小差距，人們就比較容易接受了。這主要是由於人們在不斷滿足小要求的過程中已經逐漸適應，意識不到逐漸提高的要求已經大大偏離了自己的初衷。

想讓別人做一件事，如果直接把全部任務都交給他往往會讓人家產生畏難情緒，拒絕你的請求；而如果化整為零，先請他做開頭的一小部分，再一點一點請他做接下來的部分，別人往往會想，既然開始都做了，就善始善終吧，於是就會幫忙到底。

兩個人做過一次有趣的調查。他們去訪問郊區的一些家庭主婦，請求每位家庭主婦將一個關於交通安全的宣傳標籤貼在窗戶上，然後在一份關於美化環境或安全駕駛的請願書上簽名，這都是小而無害的要求。很多家庭主婦爽快地答應了。

兩周後，他們再次拜訪那些合作的家庭主婦，要求她們在院內豎立一個倡議安全駕駛的大招牌——該招牌並不美觀——保留兩個星期。結果答應了第一項請求的人中有百分之五十五的人都接受了這項要求。

他們又直接拜訪了一些上次沒有接觸過的人，這些家庭主婦中只有百分之十七的人接受了該要求。

是啊，既然已經在剛開始時表現出樂於助人、合作的良好形象，即便後來的要求有些過分，也不好推辭了。生活中，要想使別人答應自己的要求，就需要借鑒這種登門檻效應。

如果你有一件棘手的事想請人幫忙，或者某個要求想徵得別人同意，最好不要直接說出來。而是在提出自己真正的要求之前，先提出一個估計人家肯定會拒絕的大要求，待別人否定以後，再提出自己真正的要求，這樣，別人答應自己要求的可能性就會大大增加。

在人際交往中，當你要求某人做某件較大的事情又擔心他不願意做時，可以先向他提出做一件類似的、較小的事情，然後一步步地提成更大一些的要求，從而巧妙地說動別人，最終達到自己的目的。

# 第 3 課
## 社交達人的自我修養

哈佛的公關課上指出：塑造一個有精神、美好形象並不僅是為了取悅別人，更重要的是讓自己有一份好心情，有一個好的生活狀態。當獲得別人認可和欣賞的時候，你的生活也增加了更多的機會。

## 看上去就要像個成功者

有時候，「看起來就像個什麼人」會讓你更加接近那種人，或者讓你自然而然地覺得自己就是那種人。在你追求能力、尋找機會的時候，不要忽略了自己的形象價值。

——哈佛箴言

哈佛大學的成功者能一眼讓人看出他的與眾不同來。「他看起來就像個企業家！」「他看起來就很有魄力！」「他看起來就很棒！」在這些成功人士身上，散發著他們自身的魅力和氣質。

一個人形象的好壞，在成功的道路上雖然不能起到一錘定音的關鍵作用，但是卻能影響你在他人心中受歡迎的程度。

好的形象能幫助他人對你留下好的印象，建立你在眾人心中的威信，給你爭取更多的成功機會。

選舉的時候，別人會因為你「看起來像領導」，而考慮投你一票；領導提拔人才的時候，會因為你「看起來像可塑之才」，而考慮提拔你；跟客戶談判的時候，對方會因為你「看起來像可靠的人」，而考慮跟你合作。

因此，任何時候你都要把自己裝扮成一個成功者，讓自己早點進入成功的狀態，不要對此不屑一顧。

穿著適當最能引人注目，也是最能留下好印象的形象。根據你的行業和所在國家、地區，在穿著式樣上應當有適當的選擇。

這也屬於自我推銷的一部分。每個人都必須知道，他所處等級層次和職業環境中的人通常應該怎樣穿著。如果對服裝的鑒賞力較差，建議去聽取一位善於著裝者的勸告，協調整理一下衣櫥。每個人都須知道，在第一次見面時，大部分人都是通過衣著對別人進行評價的。

服飾有多種風格，作為一位職場人士，應該知道的著裝準則是：著裝應當設定在特定的風格中，是長期西裝革履，還是休閒裝。另外服飾的基本色調也很重要，一般情況下，中性色肯定沒有錯。作為一個領導人物，則必須為自己的形象進行必要的投資，準備幾套高檔的服裝，耐穿、好看、搭配方便，沒有明顯的流行特徵。在服飾上的投資，應當是收益之後的第一項投資專案。

哈佛大學的社交理念中，一個通用的原則要牢記：如果您儀表堂堂，是天生的衣服架子，那麼穿什麼都無所謂；如果身體條件一般，建議準備幾套名牌服裝。一方面名牌服裝用料講究、做工精細，誰都能看得出好；另一方面，可以增加自信心。但是最重要的是，個人氣質應當與外在的形象一致。如果忽略了個人的氣質，那就與沐猴而冠差不多，只會給大家提供笑料。

# 正確地運用肢體語言

其實，從你在別人眼中出現，到你開口說話的這一段時間，你一直都在「表達」，只是並不是用嘴，而是用你的眼睛、你的動作、你的全身，他們能夠從中發現很多資訊。

——哈佛箴言

哈佛公關課上提到：身體語言也是語言的一種，它也是由單個「詞語」構成的，這種「詞語」就是一個又一個的身體信號。你做出的動作就是一種具有很強示範性和引導性的身體信號，這種通過身體傳達出來的信號比單純的語言更具有說服力和可信度。而你的這些表現，會讓對方在第一時間就做好應對你的準備，決定是否要聽你說話。

因此，在開口之前、在交談之中、在告辭之時，你必須時刻用你全部的身體向對方傳達你對他的敬意與好感，暗示出你所要說的話的重要性。

儘管很多自然而然流露出來的動作和姿勢不是憑自己的主觀意識能夠控制的，但這也不是說姿態就是死板的動作，可以完全任由它發揮，你還是可以根據自己的想法，把姿態加以改變，讓它變得更加柔和、更加舒展、更加自然。

當然了，我們也不要把它訓練成為一種模型，那樣不但看上比較單調，而且也會讓對方覺得你舉止可笑、有失禮節。

在和別人交流的時候使用身體語言，宗旨在於協助有聲語言，更好地表達自己的思想感情，因而必須適時、適當、正確地使用身體語言，不能誇張、輕浮。

下面是哈佛專家提出的幾個要點：

### 首先，你的動作要自然

自然是運用身體語言的第一要求。比如，有時候你見到有的人在說話的時候就像背臺詞一樣，動作生硬、刻板、做作，跟木偶沒什麼區別，這種表現一定會讓人看上去覺得彆扭、不真實、缺乏誠意。在交談的時候，你應該表現自然，不能故作模樣，這樣才能得到他人的信賴。

其次，你的動作應該保持大眾化

要簡潔明瞭，舉手投足一定要符合大眾的生活習慣。如果搞得複雜繁瑣、拖泥帶水，甚至表現得齜牙咧嘴、手舞足蹈，像是在演話劇一樣，既會喧賓奪主，妨礙有聲語言的正常表達，又會給人一種眼花繚亂的感覺，讓人看不懂、不知所以。也就是說，在使用手勢或者擺出某種姿態的時候，一定要克服不良的習慣動作，儘量讓它雅觀一些，那種無意義的、多餘的手勢只會影響你和對方之間的正常交往。

再次，你的肢體動作要表現得適宜、適度

也就是說，你的動作要適量，不能影響對方與你說話時的注意力。如果你說話的時候動作太多，就不是在展現你的口才，而是在表演。另外，你的動作還應該與說話的內容、情緒、氣氛保持一致，絕對不要故作姿態、故弄玄虛，甚至「手」口不一。如果你拿著產品資料遞給對方，卻讓他看大螢幕，對方一定會被你搞得暈頭轉向、困惑不解。

最後，在交談的時候不要總是保持同一種姿態，而是應該富有變化

儘管有時候某些動作上的重複是有必要的，如保持比較固定的坐姿、表情，畢

竟它能夠重現或強調某些事情或者你的情緒，但如果一而再、再而三地重複一種姿勢、一種表情、一種手勢，則一定會讓你顯得遲鈍死板、單調乏味，說不定對方會隨著你的同一個手勢的節奏慢慢入睡。因此，在和對方對話的過程中，應該根據不同的內容、情緒的變化，適當地變換動作和姿態，以表明你生動活潑，富有朝氣和魅力。

### 在交談的時候，還應該注意一些身體語言禁忌

因為有一些不雅的動作、令人不舒服的坐姿或者具有攻擊性的姿態，很可能會顛覆你的形象，讓你前功盡棄。

比如說，最好不要雙手環抱在胸前或者蹺二郎腿；你可以看著對方，保持基本的眼神交流，但是不要像審問犯人一般死盯著對方不放；要跟對方保持一定的距離，雙腳可以適當打開，不要緊閉，並放鬆雙肩，這樣會讓你顯得很有自信，不具有威脅性；當對方說話的時候，不要彎腰駝背，顯得作風懶惰，要輕微點頭微笑，保持身體微微前傾，以表示自己對他說的話很感興趣；坐的時候，不要顯得坐立不安、手足無措，否則會讓對方覺得你過於拘束，或者有所隱瞞。

# 提高自己的「身價籌碼」

當我們需要外界助力的時候，表現自己的困苦絕不如展示自己的信心更有力度。

——哈佛箴言

那些演藝明星或者位高權重的要人，身後總會有一家公司、幾個專業人士為其提供包裝策劃。我們普通人，也要工作、要生活，要得到社會的認可，也需隨時隨地展示自己的最佳形象。

哈佛專家指出，在商場上，名人效應法是用於直接促銷的常見形式，有時，巧妙地利用相關聯的著名人物和組織的影響，可以為你打造出一條捷徑。

中美洲的一個小國有一位書商，他手裡的書老是賣不出去，於是有人給他出主意，讓他找人「忽悠」。但是「忽悠」也要講究方法，首先一定要請名人來，在那個地方總統就是最好的名人。給他出主意的人說只要把書寄給總統，無論他說什麼，這本書就一定會好賣。

書商覺得有道理，於是就把書寄給了總統，同時還寄去了一封信，信裡寫道：「我手裡的書實在是太難賣了，您一定得給我說點兒好話。」

總統看完書後覺得還不錯，同時也想幫助一下這個書商，於是就在書上寫道「這本書不錯」，然後把書給書商寄了回去。

書商拿到總統寄回來的書如獲至寶，於是把這本書掛在店裡最明顯的地方，並且對每一位來書店的人介紹這本總統給出好評的書。果然，這本書很快就成了暢銷書。

有了這一次的經驗，書商不久又把第二本書寄給了總統。

總統已經聽說上次寄書後書商因為自己把書大賣，於是這次就在寄來的書上寫了「這本書實在不怎麼樣」的字樣給書商又寄了回去。

但是書商拿到書後又如獲至寶，並且對來書店的每一位客人介紹說：「這是一本把總統氣得發抖的書。」大家出於好奇，想知道這到底是怎樣一本書，致使這本書也十分暢銷，甚至比第一本書還要火爆。

這個消息又傳到了總統的耳朵裡，而且沒過多久他又收到了書商寄來的第三本書。這次總統沒有給書進行任何評價，他把書原封不動地寄還給了書商。這次書商打出的宣傳語是「一本連總統都看不懂的書」

——他的書再次大賣。

這個世界上的窮人是被機會的列車拋在後面的人。當他們發現別人手中都握著名氣、財富、地位，而自己始終兩手空空的時候，不免對自己的能力產生懷疑。自卑的心理使他們一直躡手躡腳地行事，小心翼翼地說話。長此以往，這種謙卑成了他們身上最深刻的烙印，即使有人想拉他們一把，也是以施捨者的面目而不是合作者的身分。

即使私下已被資金問題折磨得焦頭爛額，也絕不能讓人看出破綻來——這樣包裝自己，也許有「打腫臉充胖子」之嫌，但只要不侵害他人利益，也不失為一種好包裝。要知道，人間有很多不美好的東西，能接下來、撐下去才是本事，若總是把辛酸痛苦之態掛在臉上，也許能換來一些廉價的同情，卻可能會招來更多的鄙棄。

# 有意識地培養自律精神

一個人最大的敵人，不是別人，而是自己。是對自己的縱容，縱容自己就是毀滅自己。成功者之所以成功，就是因為他們總是不斷反省，嚴於律己。

——哈佛箴言

在這紛擾的社會中，我們不可能事事都一帆風順，不可能要每個人都對我們笑臉相迎。有時候，我們會受到他人的誤解，甚至嘲笑或輕蔑。這時，如果我們不善於控制自己的情緒，就會造成人際關係的不和諧，對自己的生活和工作都將帶來很大的影響。所以，當我們遇到意外的溝通情景時，就要學會控制自己的情緒，輕易發怒只會造成負面效果。

善於自我控制，善於克制自己的感情，約束自己的言語，控制自己的行為，心理學上稱有「自制性」或「自制力」，這是意志品質的一個方面。哈佛的心理學家指出：能夠控制自己的人無疑是成功的人，不能很好地控制環境的人，往往要受到他人情緒或行為的影響，讓他們的生活中時而充滿快樂或悲傷，一會兒高興一會兒煩惱。而真正強大的人是不會依賴於外部世界的，他不會把自己的悲喜都表現在自己臉上，不會把內心的平靜拋售給繁雜的世事，不會讓愛與哀愁左右自己的情感、態度、語言和睡眠，保持身心的和諧與放鬆，他是自己的主人，他對自己負責，也能夠負責。

人們常常不能正確認識事情的實質，即便在冷靜的時候，觀察人或者事，都很難得到客觀的答案；如果又受到偏執情緒的干擾，那就可能出現很大的判斷失誤了。很多人都會在混亂的情緒下做了錯誤的判斷。

張伯苓是著名教育家，曾長期擔任南開大學校長。他責己嚴格，對學生的要求也是毫不放鬆。

一次上「修身課」的時候，他看到一位學生的手指被煙熏得焦黃，便指責他說：「你看，吸煙把手指熏得那麼黃，吸煙對青年人身體有害，你應該戒掉它！」

那位學生反駁道：「您不是也吸煙嗎？為什麼說我呢？」

張伯苓被問得說不出話來，憋了一會兒，就把自己的煙一撅兩段，堅定地說：「我不抽，你也別抽！」

下課以後，他又請工友將自己所有的雪茄煙全部拿出來，當眾銷毀，工友非常惋惜，捨不得下手。

張伯苓說：「不如此不能表示我的決心，從今以後，我跟同學們一起戒煙。」從那次以後，張伯苓就再也沒有抽過煙。

控制自己不是一件容易的事情，因為我們每個人心中都存在理智與感情的鬥爭。「做自己喜歡做的事」，不顧一切地想要達到自己的目的，這並不真正是對人生和自由的追求。你應該有戰勝自己的感情、控制自己命運的能力。一個人如果任憑感情支配自己的語言、行動，那就使自己變成了感情的奴隸。不能自我控制，往往會使自己做出一些錯誤的舉動。

# 愛你的敵人並不吃虧

能當眾擁抱敵人的人，他的成就往往比不能愛敵人的人高出許多。

——哈佛箴言

「愛」是友好的表示，愛親人，愛朋友，愛戀人，這都是內心情感需要，是人的本能。這樣看來，「愛你的敵人」卻是令人費解的事……

體育競技場是最能體現這種特殊情感的地方。隨著比賽哨聲的吹響，拳擊臺上走來兩位選手。他們兩位稱得上勢均力敵。

走在前面的那位叫阿森，笑容滿面，禮貌地向全場觀眾揮手致意。後面那位叫約翰，顯然他還沒有消除對阿森的敵意，因為上一場比賽，阿森讓他出盡了醜。

約翰一上場就虎視眈眈地瞪著阿森，對全場熱情的觀眾不理不睬甚至連比賽的禮儀——雙方握手擁抱也粗暴地拒絕，就那樣瞪著血紅的眼睛，看著阿森，等著裁判的哨聲響起。對於約翰的無禮，阿森顯得比較寬容，聳聳肩，一笑了之。

比賽一開始，約翰就以奪命招來攻擊阿森，企圖先聲奪人，制對手於死地。不但阿森心裡明白，連全場觀眾也知道約翰這是在報仇，是在發洩，而不是在進行高品質、高水準的比賽。於是所有的目光都聚集在阿森身上，所有人都為阿森捏了一把汗。

終於，比賽以阿森勝利而告終，這是眾望所歸的結果。如果我們說這場比賽的勝負取決於兩人的態度和心態，似乎有些武斷，甚至是牽強附會。但不可否認，在這場勢均力敵的比賽中，良好的心態絕對是阿森取勝的重要因素。

**無論如何，愛你的敵人並不吃虧。此話怎講？**

**選擇愛自己敵人的人就選擇站在主動的地位，採取主動的人是「制人而不受**

制於人」。你採取主動，不只迷惑了對方，使對方搞不清你對他的態度，也迷惑了第三者，搞不清楚你和對方到底是敵是友，甚至還誤認為你們已「化敵為友」；然而，是敵是友，只有你心裡才明白，可你的主動已經使對方處於「接招」「應戰」的被動態勢，如果對方不能「愛」你，那麼他將得到一個「沒有器量」的評語。一經比較，二人的分量立即有了輕重。所以當眾擁抱你的敵人，除了可在某種程度內降低對方對你的敵意之外，也可避免你與對方的敵意惡化。換句話說，為敵為友之間，留下條灰色地帶，免得敵意鮮明，反而阻擋了自己的去路與退路。地球是圓的，天涯何處不相逢。

此外，你的行為也將使對方失去攻擊你的立場。若他不理你的「擁抱」而依舊攻擊你，那麼必將招致他人的譴責。

羅納先生住在瑞典的烏普薩拉。他在維也納當了很多年律師，但是在第二次世界大戰期間，他逃到瑞典。他在瑞典沒有名氣，很需要找份工作。因為他能說並能寫好幾國的語言文字，所以希望能夠在一家進出口公司裡找一份秘書工作。

絕大多數的公司都回信告訴他，因為正在打仗，他們不需要這類人，不過他們會把他的名字存在檔案裡。還有一家公司在寫給羅納的信上說：「你對我生意的瞭解完全錯誤。你既錯又笨，我根本不需要任何替我寫信的秘書。即使我需要，也不會請你，因為你連瑞典文也寫不好，信裡全是錯字。」

當羅納看到這封信的時候，簡直氣得發瘋。於是羅納也寫了一封信，想要使那個人大發脾氣。但接著他就停下來對自己說：

「等一等，我怎麼知道這個人說的是不是對的？我學過瑞典文，可是這並不是我家鄉的語言，也許我確實犯了很多我並不知道的錯誤。如果是那樣的話，那麼我想要得到一份工作就必須再努力的學習。這個人可能幫了我一個大忙，雖然他本意並非如此。他用這種難聽的話來表達他的意見，並不表示我就不虧欠他，所以應該寫封信給他，在信上感謝他一番。」

羅納撕掉了他剛剛已經寫好的那封罵人的信，另外寫了一封信說：

「你這樣不嫌麻煩地寫信給我實在是太好了，尤其是你並不需要一個替你寫信的秘書。對於我把貴公司業務弄錯的事我覺得非常抱歉，我之所以寫信給你，是因為我向別人打聽，而別人把你介紹給我，說你是這一行的領導人物。我並不知道我的信上有很多語法上的錯誤，我覺得很慚愧，也很難過。我現在打算更努力地去學習瑞典文，以改正我的錯誤，謝謝你幫助我走上改進之路。」

過了幾天，羅納就收到了那個人的信，請羅納去看他。羅納最後因此得到了一份工作。

德國人有一句諺語，大意是這樣的：「最純粹的快樂是我們從那些我們的羨慕者的不幸中所得到的那種惡意的快樂。」或者換句話說：「最純粹的快樂是我們從別人的麻煩中所得到的快樂。」

哈佛大學指出：你的一些朋友，從你的麻煩中得到的快樂，極可能比從你的勝利中得到的快樂大得多。而「愛你的敵人」這個行為一旦做出來，久了會成為習慣，讓你和人相處時，能容天下人、天下物、出入無礙，進退自如。這正是成就大事業的本錢。

# 第 4 課

## 社交的首要條件——你喜歡我嗎？

哈佛認為，社交的首要條件並不是「我」喜歡什麼樣的朋友，而要先考慮自己是否讓人喜歡、受人歡迎。

# 愛自己，別人才可能愛你

你要欣然接納自己，你是駱駝就不要去唱蒼鷹之歌，駝鈴同樣具有魅力。

——哈佛箴言

有一句諺語：「你之所以感到巨人高不可攀，只是因為你在跪著。」許多事情別人能做到，你經過努力也能做到，重要的是要對自己做出肯定的評價，這樣才能充分發揮自己的優勢。

現實生活中，某人因相貌平平而自卑畏縮、悲觀厭世；某人因有過一次嚴重過失而悔恨不已，進而自輕自賤；某人因高考落榜而灰心喪氣，否定自我；某人因身有殘缺或曾有精神疾患而覺低人一等，進而自暴自棄……這樣的事屢見不鮮。對於這樣的人，我們要對其說：請抬起頭來，接納你自己，因為只有這樣，你才能改變自己。

有一位年邁的富翁，他擔心自己龐大的家產將來被嬌縱的兒子敗壞。於是，他說服獨生子去尋找寶物，讓其在艱苦的奮鬥中增長自己的勇氣和才幹。

青年駕著大船遠渡重洋，最後在一片熱帶雨林找到一種樹木。這種樹木高十餘米，砍倒它，經過一年時間讓其外皮朽爛，木心變黑，會散發無比的香氣，而且放置水中會沉入水底。同行的人說這叫香木。

青年說：「這真是無比的寶物！」他把香木運到市場出售，可是無人問津。

青年隔壁的攤位上有人在賣木炭，銷量很大。開始的時候，青年意志堅定，不為所動。然而日子一天天過去，青年漸漸喪失了信心，於是他把香木燒成木炭，並且很快賣完了它們。青年頗為自己的靈活變通而沾沾自喜。

而年邁的富翁知道，這被燒成木炭的香木，正是世界上最寶貴的樹木——沉香。一小塊切下來的材料，價值就能超過一車的木炭。

我們生活在這個世界上，最容易隨波逐流，最容易放棄自我、羨慕他人。人生在世，各有各的稟賦，各有各的珍奇之處，每個人都是大自然的傑作，每個人都有別人無可比擬的長處。但是我們往往缺乏耐心，信不過自己，把到手的沉香當作木炭一般賤賣了，這是多麼慘痛的事實！

其實，人的一切彷徨與痛苦都是因為不接納自己，一切的空虛和煩惱也是因為無法肯定自己。當一個人被外界的名利和虛榮所誘惑的時候，就會迷失自我，會被挫折和榮譽激怒，被物欲挫敗。**人最忌諱的是不能認清自己，盲目地拿自己和別人比較，否定了自己，獲得的卻是無盡煩惱。**

社交專家說：「要像愛自己一樣愛周圍的人。」可是，大多數人還沒有意識到自愛的重要性。只有愛自己才能更好地愛別人，只有容納自己才能容納這個世界。承認自己平凡是一種大智大勇。生活中，很多貌不驚人的人做出了驚人的成績，而聰明伶俐的人卻成績平平，就是因為這個道理。

上帝並不偏愛任何一個人，每個人都有優點和弱點，但有人發現自己的弱點和缺陷後，就當作包袱背起來，老是掛在心上，連自己的優點和長處也看不到了。於是精神優勢就被缺點、弱點壓垮，而自己的聰明才智、潛在能力卻無從發揮。

每一種花都是獨一無二的，每個人也是一樣，無論自己現狀怎樣，都應該坦然地接納自己，然後再思變。這樣才能綻放出獨特的芳香。每個人都是自己的花朵，妒忌和羨慕別人是愚蠢的，雖然你也有缺陷，但你絕對有足夠的潛力去生活得更好。

哈佛大學有這樣一句話：「你要欣然接納自己，你是駱駝就不要去唱蒼鷹之歌，駝鈴同樣具有魅力。」是呀，接納自己，你也有值得欣賞的地方。如果你覺得自己擁有的只是缺點，那是因為你沒有真正認識你自己，請用另一種眼光看自己，為自己「提價」，就會多發現一個「原來如此」。

先愛你自己，別人才愛你。一個看不起自己的人還有誰會重視你？自尊是獲得別人尊重的基礎，自信是贏得別人信任的根本。所以你要學會接納自己。

# 學會寬容，贈人玫瑰手有餘香

如果我們將思想轉向幫助旁人，或許我們可以找回平靜心境和快樂。但我們太熱衷於自己了，所以我們不快樂。

——哈佛箴言

英國作家喬治・艾略特說：「如果我們想要更多的玫瑰花，就必須種植更多的玫瑰樹。」生活本來就沒有不平凡的含義，而在於你如何看待它、如何對待它。理智而達觀的人對別人不會期許太多，因為他們明白：你如何對待別人，別人也會如何對待你，要走進別人的心靈，自己就要首先敞開胸懷。

兩個釣魚高手一起到魚塘垂釣。

這二人各憑本事，一展身手。隔了沒多久的工夫，皆大有收穫。

忽然間，魚塘附近來了十多名遊客，他們看到這兩位高手輕輕鬆鬆就把魚釣上來，十分羨慕，於是就到附近去買了一些釣竿也來釣魚。

沒想到，這些不擅此道的遊客怎麼釣都是毫無成果。

話說那兩位釣魚高手的個性相當不同。其中一人孤僻而不愛搭理別人，享受獨釣之樂；而另一位高手卻是個熱心、豪放、愛交朋友的人。

愛交朋友的這位高手看到遊客釣不到魚，就說：「這樣吧！我來教你們釣魚，如果你們學會了我傳授的訣竅釣到了魚，每十尾就分給我一尾。不滿十尾就不必給我。」

雙方一拍即合，都很同意。

教完這一群人，他又到另一群人中傳授釣魚技巧，依然要求每釣十尾回饋給他一尾。

一天下來，這位熱心助人的釣魚高手把所有時間都用於指導垂釣者身上，獲得的竟是滿滿一大籮魚，還認識了一大群新朋友，同時，這些垂釣者左一聲「老師」，右一聲「老師」地叫著，他備受尊崇。

而同來的另一位釣魚高手卻沒有享受到這種服務人們的樂趣。當大家圍繞著他的同伴學釣魚時，他就更顯得孤單落寞。悶釣一整天，檢視竹簍裡的魚，收穫遠沒有同伴的多。

在生活中，我們都希望得到別人的支持和理解，更希望得到別人的關心。我們幫助別人也等於幫助自己，古語有云：「己欲利，先利人；己欲達，先達人。」我們都處於一個大集體中，每個人都不可能孤立地存在著，有時候，我們也需要別人的幫助，而在這個時候站出來幫我們的，往往就是那些我們曾經幫過的人。因此，不要吝嗇，不要小氣，多幫助別人。一聲問候、一個鼓勵的眼神、一句讚美的話等，都會給他人帶來快樂，也會給你帶來意想不到的收穫。

一位行善的基督徒，離世後想看看天堂和地獄究竟有什麼差別。於是他請求天使在把他帶到天堂之前，先帶他去地獄看看。

天使答應了他的請求，把他帶到地獄。在地獄裡，他看見一桌豐盛的晚餐，雞、鴨、魚肉應有盡有。

他很驚訝地問天使：「地獄的生活也不錯嘛，難道生前作惡的人也不用受苦嗎？」

天使對他微微一笑，說：「上帝是愛我們的，他不會主動懲罰每一個人。人們之所以受到懲罰，都是他們自己的過錯。」基督徒還是不太理解。

這時，地獄的晚餐開始了。只見一群骨瘦如柴的餓鬼瘋搶著坐到座位上，他們每個人都拿著一雙十幾尺長的筷子，都在努力試著用這雙長筷子夾到美味的食物，但是筷子實在太長了，無論他們怎麼努力，也無法把夾到的食物放到自己的嘴裡。

基督徒看著他們，好像明白了什麼。這時天使對他說：「你看，他們每個人都夾得到食物，卻吃不到，你不覺得可惜嗎？我再帶你去天堂看看吧。」

於是基督徒跟隨天使來到天堂。在天堂裡他同樣看到一桌豐盛的晚餐，每道菜都和地獄裡的一模一樣。每個人用的筷子也和地獄裡的一樣，所不同的是，他們每個人都把夾到的食物餵給別人吃，而自己也不斷地品嘗到別人餵過來的食物。所以他們每個人吃得都很愉快。

天使說：「這就是天堂與地獄的區別：你不願意幫助別人，你就生活在地獄裡；你助人為樂，你就生活在天堂裡。」

這是一個短小的故事，給我們的啟示卻很大：在我們的生活中，總會有地方需要別人的幫助。同樣，我們身邊的人也需要我們的幫助。只有互相幫助，我們才能生活得更美好、更快樂。

隨著年齡的增長，我們逐漸明白了許多做人的道理，隨之也就形成了自己的做人原則。我們要樂於助人，特別是當別人急需幫助時，一定要盡力去幫助人家。當你幫助了一個急需幫助的人，為他解決了困難，你會從他滿足的目光中得到無限的愉悅，而這種享受正是無比美好和幸福的。

在日常生活中，難免會發生這樣的事：親密無間的朋友，無意或有意做了傷害你的事，你是寬容他，還是從此分道揚鑣，或者伺機報復？

有句話叫「以牙還牙」，分手或報復似乎更符合人的本能心理。但這樣做了，怨會越結越深，仇會越積越多。

如果你有了切膚之痛後，採取別人難以想像的態度，寬容對方，表現出別人難以達到的襟懷，你的形象瞬間就會高大起來。你的寬宏大量、光明磊落使你的精神達到了一個新的境界，你的人格也會折射出高尚的光彩。

# 少說「我」，多說「我們」

人們最感興趣的就是談論自己的事情，而對於那些與自己毫不相關的事情，很多人都會覺得索然無味；只有你自己有濃厚興趣的事情，不僅很難引起別人的興趣，而且還令人覺得好笑。

——哈佛箴言

哈佛大學創辦的一份雜誌上曾登過一篇「一劑促成良好人際關係的藥方」的文章，其中有幾點值得借鑒——

語言中最重要的五個字是：「我以你為榮！」

語言中最重要的四個字是：「您怎麼看？」

語言中最重要的三個字是：「麻煩您！」

語言中最重要的二個字是：「謝謝！」

語言中最重要的一個字是：「你！」

語言中最次要的一個字是：「我。」

亨利・福特二世描述令人厭煩的行為時說：「一個滿嘴『我』的人，一個獨佔『我』字、隨時隨地說『我』的人，是一個不受歡迎的人。」

小董是某大型超市的電器銷售人員，主要負責音響設備的銷售。

這天中午，來了一位三十歲左右的年輕女士，她怒氣沖沖地吼道：「你賣的是什麼破玩意，我上個月剛買的一套音響，沒聽幾次聲音就啞了，什麼也聽不了，你說這個事情怎麼處理？」

小董立刻意識到產品的品質出了問題，於是他微笑著說：「事實上我們都是受害者，作為產品的銷售員，我不可能把有問題的產品賣給您，您先別著急，把音響拿來，並帶上相關的單據，我們與生產廠家協調一下。」

這位女士聽後，不再發脾氣了，立即回去取音響。最後在小董的幫助下，這位女士換了一套新的音響。

在人際交往中，「我」字講得太多並過分強調，會給人留下突出自我、標榜自我的印象，這會在對方與你之間築起一道防線，形成障礙，影響別人對你的認同。因此，在語言交流中，請避開「我」字，用「我們」開頭。

美國著名公司柯達的創始人伊斯曼，捐贈鉅款在羅徹斯特建造一座音樂堂、一座紀念館和一座戲院。為承接這批建築物內的座椅訂單，許多製造商展開了激烈的競爭。但是，找伊斯曼談生意的商人無不乘興而來，敗興而歸，一無所獲。正是在這樣的背景下，「優美座位公司」的經理亞當森，前來會見伊斯曼，希望能夠得到這筆價值九萬美元的生意。

伊斯曼的秘書在引見亞當森前，就對亞當森說：「我知道您急於得到這批訂單，但我現在可以告訴您，如果您佔用了伊斯曼先生五分鐘以上的時間，您就完了。他是一個很嚴厲的大忙人，所以您進去後要快快地講。」亞當森微笑著點頭稱是。

亞當森被引進伊斯曼的辦公室後，看見伊斯曼正埋頭於桌上的一堆文件，於是靜靜地站在那裡仔細地打量起這間辦公室來。

過了一會兒，伊斯曼抬起頭來，發現了亞當森，便問道：「先生有何見教？」

秘書把亞當森作了簡單的介紹後，便退了出去。這時，亞當森沒有談生意，而是說：「伊斯曼先生，在我等您的時候，我仔細地觀察了您這間辦公室。我本人長期從事室內的木工裝修，但從來沒見過裝修得這麼精緻的辦公室。」

伊斯曼回答說：「哎呀！您提醒了我差不多忘記了的事情。這間辦公室是我親自設計的，當初剛建好的時候，我喜歡極了。但是後來一忙，一連幾個星期我都沒有機會仔細欣賞一下這個房間。」

亞當森走到牆邊，用手在木板上一擦，說：「我想這是英國橡木，是不是？義大利的橡木質地不是這樣的。」

「是的，」伊斯曼高興地站起身來回答說，「那是從英國進口的橡木，是一位專門研究室內橡木的朋友專程去英國為我訂的貨。」

伊斯曼心情極好，便帶著亞當森仔細地參觀起辦公室來了。

他把辦公室內所有的裝飾一件件向亞當森作介紹，從木質談到比例，又從比例談到顏色，從手藝談到價格，然後又詳細介紹了他設計的經過。

此時，亞當森微笑著聆聽，饒有興致。他看到伊斯曼談興正濃，便好奇地詢問起他的經歷。伊斯曼便向他講述了自己苦難的青少年時代的生活，母子倆在貧困中掙扎的情景，自己發明柯達相機的經過，以及自己打算為社會所做的巨額捐贈……亞當森由衷地讚揚他的功德心。

本來秘書警告過亞當森，談話不要超過五分鐘。結果，亞當森和伊斯曼談了一個小時，又一個小時，一直談到中午。

最後伊斯曼對亞當森說：「上次我在日本買了幾張椅子，放在我家的走廊裡，由於日曬，都脫了漆。昨天我上街買了油漆，打算自己把它們重新油漆好。您有興趣看看我的油漆表演嗎？好了，到我家裡和我一起吃午飯，再看看我的手藝，如何？」

午飯以後，伊斯曼便動手，把椅子一一漆好，並深感自豪。直到亞當森告別的時候，兩人都未談及生意。

最後，亞當森不但得到了大批訂單，而且還和伊斯曼結下了終身的友誼。

為什麼伊斯曼把這筆大生意給了亞當森，而沒給別人？這與亞當森的口才很有關係。如果他一進辦公室就談生意，十有八九要被趕出來。亞當森成功的訣竅，就在於他瞭解攻心對象。他從伊斯曼的辦公室入手，巧妙地讚揚了伊斯曼的成就，談得更多的是伊斯曼的得意之事，這樣，就使伊斯曼的自尊心得到了極大的滿足，從而視他為知己。這筆生意當然歸亞當森了。

竭力忘記你自己，不要總是談你個人的事情，明白了人人都喜歡自己最熟知的事情，那麼，在交際上你就可以儘量去引導別人說他自己的事情，這是使對方高興最好的方法。你以充滿同情和熱誠的心去聽他敘述，一定會給對方留下最佳的印象，而對方會熱情地歡迎你、接待你。

# 稱讚他人的每個進步

人性的弱點之一就是喜歡別人的讚美。讚美他人時，應注意場合、尺度、對象，要恰到好處，同時要真誠。

——哈佛箴言

美國心理學之父、哈佛大學教授威廉・詹姆斯說：「人性中最本質的渴望，是得到別人的讚賞。」每個人的心靈深處都有一種被欣賞的渴望，讚美能帶來滿意愉快的情緒體驗，而欣賞與被欣賞則是一種互動的力量之源。

讚美是對一個人的工作、能力、才幹及其他積極因素的肯定。通過他人的讚美，人們才能瞭解自己的行為活動的最後結果。讚美是一個人對另一個人的行為最直接的回饋，這種回饋如果及時、適度，就可以讓被讚美的人心情愉悅，同時對讚美他的人心懷感激，產生信任。所以，那些要經常出席各種社交場合的人士，都應該學會讚美他人的本事。

哈佛大學的心理課上，曾經以運用讚美他人的形式來調和人與人之間的關係。他們設計了一項實驗，讓五六名學員一組彼此面對面地讚美對方，雖然每一個人所講述的內容並沒有限制，但專家要求他們必須真誠、由衷地讚美對方。

當學員們持續地進行讚美活動時，很快就能發現如此實驗的真正意義。學員們誠實和真誠的感謝及各種發自內心的讚美，使每個人都感到自己的重要，從而增強了生活的勇氣。

實驗的結果每個人都不同，然而在課程的鼓勵氣氛下，無人表現不佳。心理學教授由此得出結論：生活是需要讚美的，儘管人人都有缺點，但適當的讚美是對人的鼓勵和鞭策。同時，這些讚美詞還可以增強人們的自尊和信心。

其實，在各種交際場合中的每個人，不管是優秀的還是一般的，是領導還是職員，當他被稱讚時，便得到了一種動力，一種肯定，這能固化他的自信心，啟動他的創造性，是促進其進一步提高和發展的強心劑。

詹姆斯曾經說過：「與我們本來應有的成就相比，我們不過是半醒著。廣義地說，人類的個體就這樣地生活著，遠在他應有的極限之內；他有著各種力量，從未被利用過。是的，我們從未被利用過的各種力量中，其中之一就是『稱讚他人的每個進步』，發掘他人可能潛在的神奇能力。我自知在這方面做得還很不夠，因此需要時時提醒自己，加倍努力。」

鍾斯是芝加哥的大富翁，同時也是一位熱情的慈善家，他把大量的時間和金錢都奉獻給了心臟病的研究，這也是他最熱心的一樁公益事業。

一次，美國國會參議院的一個委員會，正在就建立全國心臟病基金會的可能性進行調查，他們邀請了鍾斯到會做證。

鍾斯帶著這些準備好的發言資料去出席聽證會時，發現自己被安排第六個發言做證，而在他之前的五位發言人都是有名的專家，這些人都具有深厚的專業知識。然而即使這樣，委員會仍然對他們每個人的資格都進行了盤問。

在輪到鍾斯發言的時候，他卻放棄了自己的演講稿。他走到議員們面前，對他們說：「先生們，我本來準備了一篇發言稿，但我現在決定不用它了。因為，我怎麼能同剛才已發表過高見的那幾位傑出人物相比呢？他們已經向你們提供了所有的事實和論據。」

鐘斯看了看眾人後，繼續說：「其實我在這裡，主要是為了你們的切身利益作呼籲。你們是美國的優秀分子，都肩負著重大的責任。現在你們正處於一生事業的頂峰。但是你們日夜為國家嘔心瀝血，工作那麼緊張和辛勞，你們的心臟最有可能受到損害，你們也最容易成為心臟病的首先犧牲者。」

說到這裡，那些參議員們動容了，都在心裡暗忖：是啊，像我們這麼辛勞的人確實容易患上心臟病。

於是他們都微微點頭贊同鐘斯的話。見到參議員們的反應，鐘斯接著說：「所以，為了你們自己的健康，同時也為了你們家庭中時常祈禱你們安康的妻子和兒女，還有那些千千萬萬個把你們送進這個大廳的選民們，我呼籲和懇請你們對這個議案投贊成票！」

鐘斯這一席話富含感情，因為言之有理，而且涉及議員們的切身利益，所以得到了議員們的認同，這個提案很快獲得了通過。不久全國心臟病基金會就由政府創辦起來了，而鐘斯成了基金會的首任會長。

雖然人們希望得到讚賞，但讚賞應該能真正表明他們的價值。也就是說，人們希望你的讚賞是你思考的結果，是真正把他們看成是值得讚美的人，並花費了精力去思考才得出的結論。**真誠是讚美的前提，失去前提，讚美便失去意義。**

讚譽，是最賺錢的本事。一個懂得稱讚他人的人，在商界的起伏中必然會穩如泰山，受到他人的熱切歡迎，因為沒有一個人不喜歡被真誠的讚美包圍。

## 幽默是一種快樂的力量

幽默是一種快樂的力量，如果想利用幽默的口才來擺脫生活當中的煩惱，與他人建立和諧的關係，並且實現你的人生目標，那就要將這種快樂的力量帶到生活當中。

——哈佛箴言

哈佛大學分析，煩惱對尋求幸福快樂的人類來說，是很危險的情緒，它有魔鬼一樣的力量，稍不留意我們就可能被它拖向精神崩潰的地獄。因此，聰明的人不能不思考解脫之道。如果我們對生活的某些方面有煩擾、惶恐的心理，那麼我們就需要借助幽默的口才，以平靜、輕鬆的心情告訴別人，自己是如何生活的。

哈佛大學的心理專家說：「幽默地談論自己來坦誠對人，讓人看到原原本本的你，這一點很重要。當我們坦誠開放地對別人表露自己時，就足以影響別人，讓他們瞭解自己的動機、夢想和目標。於是我們與他人之間所共有的自我瞭解，會縮短我們之間的距離。幽默是煩惱的剋星，幽默改變我們灰暗、消沉的心境，幫助我們找回自信、激情和興致，使我們神清氣爽、心情舒暢。幽默的力量在於調節，它能讓人在領悟全部人生內涵之後，創造新的氣氛，以此帶來可貴的心理平衡。」

一個韓國旅遊團在大陸南方旅遊，時值梅雨季節，遊客感到很掃興，然而幸運的是他們遇到了一個善解人意、風趣幽默的導遊。導遊在車上用韓語說：「你們把雨從韓國帶到中國來了，可雨在車外；你們把首爾的太陽也帶來了，它就在車廂裡。」

妙語既出，一片掌聲。

其中有位老太太遊武夷山時，由於裙子被蒺藜劃破，洩氣地坐在了地上。

「老太太，您別生氣，」導遊和顏悅色地說，「這是武夷有情，它請您不要匆忙地離去，叫您多看幾眼呢！」

這話疾風般吹散了老太太臉上的愁雲，使她重新恢復了興致。

幽默還能讓我們從煩惱中解脫出來。一般人生病住院或遭受意外傷害的機會並不多，而高齡、肥胖以及囊中羞澀等卻常帶給我們很多困惑，將我們的好心情消磨得乾乾淨淨。面對上述這些情形，在沒有力量改變現狀的情況下，最好的辦法莫過於一笑置之，作灑脫狀。

我們都熟悉那個永遠是樂呵呵模樣的大肚彌勒佛，他的哲言是：「大肚能容，容天下難容之事；笑口常開，笑世上可笑之人。」

我們應該學學這位樂觀的智者，在我們遇到令我們煩惱的事或人時，不妨笑一笑，不要把它看得太嚴重。總之，不要自我折磨、自尋煩惱。

# 第 5 課

## 成熟處世，<br>讓你「明哲保身」的社交技巧

哈佛分析說，大多數人，與其說他們是在與別人的競爭中失利，
不如說他們輸給了自己不成熟的處世心態。

# 用心聽出弦外之音

有的人說話很隱晦，一句話可能有很多種意義，遇到這樣的情況，你就要察覺其中隱含的資訊，如此才能摸透對方的心思。

——哈佛箴言

有些人先不說自己心裡怎麼想的，而是表現出很大度的樣子說：「歡迎大家提意見。」不要以為這樣的人與眾不同，喜歡聽反對意見，其實越是對別人的否定表現出不在意的人越是在意，這類人其實內心裡不希望聽到你的批評意見。

因此，如果你能很輕易就識破這樣一種心理，你就不會在這方面吃虧。

劉蕾大學畢業之後進了一家私營醫療設備公司。老闆對重點大學畢業的劉蕾非常看重。劉蕾也不負老闆所望，業績非常突出，一些別人難以完成的任務，交給劉蕾也不會出錯。第一年劉蕾被提拔做了銷售主管。老闆非常喜歡在工作中兢兢業業的劉蕾，並且經常和她一起商討比較重要的問題。漸漸地，劉蕾覺得自己在公司中已有了非同一般的地位。

有一回，公司召開會議商討和一家大公司的合作方案。在會議上，老闆將自己的計畫和合作意向書拿了出來，讓大家看一下。他大度地說：「看看有什麼意見，儘管提。」

公司裡的其他幾名主管看了之後都沒有說什麼，唯獨劉蕾看出了問題。她認為照這個合作方案進行合作，公司能夠得到的利潤非常小。

於是劉蕾坦率地對老闆說她覺得這個合作方案有問題。老闆的臉色不太自然，但還是問她哪裡有問題。於是，劉蕾從頭到尾把這個合作方案批了一通。劉蕾當著這麼多人的面把老闆的工作全盤否定了，這讓老闆很不高興。

於是老闆淡淡地說：「會議結束，這個問題以後再談。」

劉蕾本想強調拖延這個方案的後果，但她看到老闆一臉不高興地離開了，便悻悻地閉了嘴。

會後，劉蕾又去找老闆商討，她對老闆說：「這個問題不能拖，要是按照這個合作方案……」

老闆用很冰冷的語氣說：「還有其他事嗎？沒有的話我還要處理一些事情。」劉蕾只好識趣地離開了。

很多時候，別人說歡迎大家提意見不過是場面話，尤其是身分較高的人，一方面想要表現自己的大度，另一方面內心的自尊比常人更強。雖然他嘴上說請大家多多指教，但其實是想聽到更多的鼓勵和讚揚，而不是批評與反對。

所以，不管是面對你的上司還是你的合作夥伴，如果他說：「大家都別客氣，有什麼意見儘管提。」這個時候，千萬不要不加考慮就對別人的方案或決定提出批評，尤其是當著大家的面時，這會嚴重地傷害他的自尊，如果這個人心胸狹窄，沒準兒以後還會報復你。

就算他足夠理智，當面還會面帶笑容說：「哦，非常感謝你的意見。」那也只是礙於面子和公眾場合，其實內心對你提出的批評非常惱火，對你更不會有什麼好印象。

那麼，與人談話時，如何才能更好地摸透說話者的心思呢？

**一是聽聲**

同一句話，用不同的聲調表達出來，其含義就不一樣，有時甚至完全相反。聽聲就是通過發現聲調中的異常因素，做出辨析，抓住隱含其中的心思。

舉個例子：「好啊！他行！他真行！」如果說話者說這句話時，語氣上揚，聽者便能感覺出這是在讚揚某人。但如果說話者刻意壓低語調，刻意拖長「行」「真行」，那意思就剛好相反了，那就表示說話者對某人的嚴重不滿，而這種不滿情緒盡在言語之外。

很多情況下，同樣一個意思，可以用肯定句、否定句、感歎句、假設句、反問句等許許多多的形式表達，也可能不同的形式就表達不同的意思，這就需要結合語境仔細辨析了。

**二是辨義**

說話者總是從一定的角度來表達他的思想。辨義主要是抓住說話角度這個關鍵，發現其中的異常因素，從而看清他的真正意圖。

人們對於不好明說的事情，經常會換個角度含蓄地表達出來，而這個角度的改變其實都沒有脫離具體的場合，所以你不要以為對方跑題，只要你結合場合來分析對方說的話，就很容易悟出對方的意圖。

### 三是觀行

人們有時候礙於面子難免會說些違心的話，這個時候表現出來的就是言行不一，你只要注意觀察他的具體行為，就能領會其內心的真實想法。

有些人心裡不愉快，或生你氣的時候，不會直接表達內心的不滿，他們會繃著一張臉，用力地對你說：「沒什麼！」或是用不耐煩的語氣表示：「算了！算了！不跟你計較！」一邊說還一邊乒乒乓乓地摔東西。即使是小孩，也看得出他們在生氣！

# 學點「緩兵之計」，巧妙化解尷尬

和對方永無休止地糾纏下去，不但意見上的衝突會越來越多，而且到頭來只會讓自己難堪。

——哈佛箴言

當遇到的質問或責難相當尖銳時，你不妨避實就虛，用「這件事我們以後再談好嗎」來緩和當時的緊張氣氛。

當你突然遭到對方咄咄逼人的責難時，該如何說才能轉危為安呢？

在某大學的課堂上，教授正在講授先秦歷史，突然有一名好奇的學生提出一個與該節課內容毫無關係的問題：「請問老師，孔子一生仁慈，為何要殺少正卯呢？」

教授聽後先是一愣，然後很用心地回答這個問題，但那位學生似乎想為難這位教授，一直不斷地與他爭論，弄得教授差點下不了臺。

任何人如果碰上這種不講道理的人，都不容易全身而退。雖然這位教授可以正面回絕學生的提問，但這種方法無法使對方心服口服。

事實上，這位教授可以這樣說：「如果你對這個問題感興趣，我們可以下課再詳談，現在是上課時間，讓我們上完課再說吧！」

如此一來，想必那位學生也不好意思再堅持下去。

如果那位學生無論如何都要你當面回答，那就得看你能否很巧妙地躲閃這惱人的話題。否則，你和對方永無休止地糾纏下去，不但意見上的衝突會越來越多，而且到頭來只會讓自己難堪。而這正是對方的最終目的：你只要一不小心沒有掌握好說話策略，便會落入對方的圈套。

假使當時你們是在一種不很嚴肅或不很正式的場合，你可以用另一種策略來避開對方的唇槍舌劍，例如以「這個時候我們只喝酒，不談其他問題」來推辭，便可四兩撥千斤，輕鬆地將對方的話題引開。

如果是在學術討論會上，這樣的突發事件往往會引發激烈的語言衝突。若你冷靜則還能夠控制局面，如果你當時冷靜不下來，而且你的身分和地位又要求你必須正面對抗時，往往就只有靠協力廠商來緩和衝突。

此時會議主席不妨暫時承認雙方各有道理，同時表明這個問題爭論很久，而且事關重大，即使是他也無法立刻回答。此時你不能恃強爭論，要順勢取巧，你可以說：「對於這一問題我們日後再討論，今天我們暫且只討論此次的主題。」

當你從困境中脫身之後，如果覺得有勝過對方的把握，就可以在恰當的時機說服對方，回答他的問題。若沒把握，也可以一直拖延下去，反正「日後」是一個虛擬概念，沒有確定的時間。

這種說話方法比直接拒絕巧妙得多，也更容易讓對方接受，雖然表面上你是低姿態，實際上卻是拒絕正面回答以保持對方心態的平衡。如果你的口氣能掌握得更準確一點，還會給人一種你對此問題根本不屑回答的感覺。

在現實生活中，有時你碰到的並不是一位很有理智的人，他不是提出一個問題，而是滔滔不絕地說話，既無條理，也沒道理。

這種情況下你最好的辦法是聽他講完後，再發表你的意見。

有一名鞋店老闆就曾碰上這樣的事。一位小姐花了整個下午的時間在鞋店裡挑選，結果批評的意見提了不少，鞋子卻是一雙也沒有看上。

最後，這位小姐乾脆請售貨員找來老闆，當著許多顧客的面滔滔不絕地說一些如「這雙鞋的後跟太高了」「我不喜歡這種皮料」，或者「你們的服務態度真不好，我選了一下午的鞋子，居然沒有一個人過來幫我出點主意」之類的牢騷話。

那位老闆就像一名聽話的小學生一樣，一直站在旁邊聽她發表「高論」，一聲都沒有吭。直到那位小姐說完後，老闆才緩緩地說：「對不起，請您等一會兒。」然後便走到鞋架旁，拿出一雙鞋擺在小姐的面前說：「小姐，我想這雙鞋最能襯托你的氣質。」

那位小姐半信半疑地將鞋穿上，結果不但大小合適，而且顏色、樣式都令她十分滿意。

那位小姐滿意地說：「這雙鞋好像是專門為我定做的一樣。」最後高高興興地付帳離開。

**做生意，人們都知道秉持「顧客至上」的信條，一般而言，無論顧客說什麼，**

你都不可以反駁，除非顧客有侮辱你人格的地方，否則你就應該像那位鞋店老闆一樣聽她說話，然後再發表你的意見，不給顧客唱反調的機會。

這位鞋店老闆十分懂得這種顧客心理，也知道如何用語言攻心。他先讓對方發表意見，也許他根本一個字都沒有聽進去，但他的態度令顧客十分滿意，最後抓住機會輕輕一擊，對方很快就敗下陣來。

其實，鞋店老闆最後拿出的那雙鞋子，實際上是那位小姐早就試過卻下不了決心購買的鞋子。但經驗老到又瞭解人性心理的老闆，卻早就看出她需要別人的臨門一腳，給她一個肯定的答案，好讓她下決心。

事實上，這位執拗的小姐可能看了好幾家鞋店，都沒有人懂得她的心，也沒有人有耐心聽她抱怨，更沒有人能在她抱怨後，適時給她一個建議，直到遇到這個老闆。

因此，遇到這類不講理或專門找麻煩的人，不妨善用上述的「四兩撥千斤」或「順水推舟」技巧，絕對不要動不動就發脾氣或沒耐心地應付，否則，硬碰硬的結果，只能是你的無窮悔意。

# 不小心得罪了上司怎麼辦？

即使是開明的上司也很注重自己的權威，也希望得到下屬的尊重，你最好讓與上司的不愉快成為過去。

——哈佛箴言

在工作中，上下級之間難免發生一些不愉快的事情，產生一些摩擦和碰撞，引起心理衝突。作為下屬，如果你處置不當，就會加深鴻溝，陷入困境，甚至導致雙方的關係徹底破裂。那麼，一旦與上司發生衝突，我們該怎麼辦？

剛大學畢業的小方躊躇滿志，準備在工作上大幹一場，然而他的很多意見卻被上司認為是行不通的。

在一次工作會議上，小方的方案又一次被推翻掉時，他一時失控，與上司爭吵了起來。從那之後，小方感覺到上司對自己越來越冷淡，他不想因此失去工作，卻又不知該如何解開與上司結下的怨。

不論對錯，只要在職場中得罪了上司就不會有好事。如果當事人礙於面子或感情用事，不能及時化解矛盾，雙方關係很可能會進一步惡化，導致員工最後不得不離職。實際上，只要心誠且方法得當，疙瘩還是容易解開的。

心理專家建議，首先應做到主動出擊。例如每天上班見到上司，主動說一句「早安」。如果矛盾不深，你主動打個招呼很可能就將疙瘩解開了。如果上司依然冷淡，那就需要親自去道歉了。

若責任在自己一方，就應勇於找上司承認錯誤，進行道歉，求得諒解。如果重要責任在上司一方，只要不是原則性問題，就應靈活處理，因為目的在於和解，下屬可以主動靈活一些，給上司一個臺階下。人心都是肉長的，這樣人心換人心，半斤換八兩，極容易感動上司，從而化干戈為玉帛。

其次，必須注意道歉不是辯駁。道歉要表達的是誠意和歉意，而非爭論問題本身。如果上司主動提到了問題，為了避免再次爭論，你不妨說：「上次考慮得不夠成熟，我回去仔細想想，做份文案再拿給您看看。」這樣一來，既從問題中抽身而出，又表達了對上司的尊重；最後以文案的形式呈給上司，更容易引起他的重視和思考。

如果得到了上司的原諒，一定要及時鞏固道歉的成果。不妨給上司寫一封信，表達對他大度的感激，同時也要恰當地讚美上司的人品和能力。比如：「感謝您經常關心和體貼我們下屬，也感謝您對我的錯誤的包容，我會更加努力工作的！」

但是無論如何都要選好時機，掌握火候，積極去化解矛盾。譬如：當上司遇到喜事受到表彰或提拔時，作為下級就應及時去祝賀道喜，這時上司情緒高漲，精神愉快，適時登門，上司自然不會拒絕，反而會認為這是對其工作成績的分享和人格的尊重，當然也就樂意接受道賀了。

當然，若是因為上司的情緒不好，出言誤傷了你，作為下屬要不計較，不爭論，不擴散，而是把此事擱置起來，埋藏在心底不當回事，在工作中一如既往，照常彙報請示，就像沒發生過任何事情一樣待人接物。

不少人在與對方吵架之後都不好意思見對方，即使見了面也不好意思開口，那麼就打個電話解釋吧，這可以避免雙方面對面交談可能帶來的尷尬和彆扭。打電話時要注意語言應親切自然，不管是由於自己的魯莽造成的碰撞，還是由於上司心情不好引發的衝突；不管是上司的怠慢而引起的「戰爭」，還是由於下屬自己思慮不周造成的隔閡，都可利用這個現代化的工具去解釋。你甚至可以換個形式使用書信的方式去談心，把話說開，求得理解，達成共識，這就為恢復關係初步營造了一個良好的開端，為和好面談鋪開了道路。不過要提醒一句，這種方法一定要「因人而用」，不可濫用，若上司平時就討厭這種表達方式的話就應禁用。

最後如果自己實在不好出面，上司又不喜歡電話或書信表達，那你不妨找一些在上司面前談話有影響力的「和平使者」，帶去自己的歉意、做一些調解說服工作——這也是一種行之有效的策略。尤其是當事人自己礙於情面不能說、不便說的一些語言，通過調解者之口一說，效果更加明顯。調解人從中斡旋，就等於在上下級之間架起了一座溝通的橋樑。

但是，調解人一般情況下只能起到穿針引線作用，要重新修好二人之間的關係，起決定性作用的還是當事人自己的決心和努力。這時候要切記，一定不要和同事述說苦衷，試圖爭得同事的理解。這樣的做法非常不可取。你的求助，很可能讓對方陷入兩難的處境，人家擔心會被捲入是非當中。如果你的傾訴對象居心叵測，將你說的話傳給上司，那你的情況可就真是雪上加霜了。

# 該聰明地閉嘴的場合

就算你不是話少的人，至少也該學學怎麼聰明地閉嘴。

——哈佛箴言

無聲的力量就像空氣，無所不在。

老子說：「真正的雄辯與木訥相同。」

西方諺語說：「爭辯是銀，沉默是金。」

「不言之辯」這句話出自《莊子》，指的是人以沉默的方式來打動與說服人，使用無言戰術來達到目的。

戰國時，秦昭襄王第一次召見范雎時，范雎所採用的便是這種沉默的求人術。

當時秦昭襄王在位已三十六年，但國家軍政權力依然掌握在母親宣太后和叔叔穰侯手中，使得昭襄王無法獨立執政、實行變革。范雎就是在這時到達秦國的。他先給昭襄王上書，說自己有辦法使秦國強大，還暗示了如何處理昭襄王與宣太后及穰侯的關鍵問題。

於是昭襄王召見范雎。到了召見那天，范雎故意事先在接見的地點四處閒逛。昭襄王駕到時，侍臣看到有人在附近閒逛，便道：「大王駕到，迴避！」

范雎這時故意提高聲音說道：「秦國哪有什麼大王，只有宣太后和穰侯而已！」

這話正好擊中了昭襄王積壓在心中許久的心病。他有些不安地接見范雎，對他說：「早該拜見先生的，只是政務煩心，每天要去請示太后，所以拖到現在。我生性愚鈍，請先生不要客氣，多加教誨。」

但范雎一言不發，若無其事地四周顧盼著。

大廳內靜悄悄的，氣氛十分凝重。左右群臣們都有些不安地看著事態的發展。

昭襄王猜想可能是由於眾臣在場，范雎有所不便，就遣退眾臣，但范雎仍然一言不發。昭襄王於是又問道：「先生有什麼賜教於我？」

范雎開了口，說：「是，是。」停了一會兒，秦王又一次請教，范雎仍只是說：「是，是。」停了一會兒，如此重複了好幾次。

後來，昭襄王長跪不起，說：「先生不肯指教我嗎？至少也該解釋一下一言不發的理由吧！」

這時，范雎才拜謝道：「不敢如此。」於是滔滔不絕地說下去。他講的主要內容即是著名的「遠交近攻」策略，同時也談及太后、穰侯等人獨斷專權、架空昭襄王一事，並提出應對策略。

秦昭襄王聽了范雎的話後十分讚賞，馬上任命他為顧問。幾年後，又讓范雎做了秦國宰相。後來他對范雎說：「過去齊桓公得到管仲，時人稱他為『仲父』；現在我得到您，也要稱您為『父』！」

范雎別出心裁的說服方法，確有妙不可言的獨特功效。沉默使昭襄王摒退了眾臣，也使昭襄王能懷著一種驚異而專注的心理來傾聽范雎的意見，並加強對他的敬重之意。

由於在會見前，范睢已出其不意地點明了昭襄王憂心的事，所以不用擔心自己不言而昭襄王會不再求問。正是有了這種十足的把握，他才敢採用沉默的方法。

在該閉嘴的時候，聰明地沉默，這種方法在現代求人時也經常被採用。

例如，兩個關係很親密的朋友，其中一個犯了錯誤，雖然心中愧疚，但口頭上不想承認。這時他的知心朋友來了，這個朋友不是指責他、勸說他，而是端坐在他的面前，以充滿關心、體諒的溫情眼光凝望著他，或是用威嚴而又熱烈期盼的目光注視著他。在默默無言的相對之中，兩個人的心靈在交談，凝結在犯錯者心頭的冰塊正在漸漸融化，終於承認了自己的錯誤。

范睢巧妙地運用沉默，為自己贏得應有的尊重與地位。一個人如果能將沉默內化為個性的一部分，不僅能時常發揮「話多不如話少，話少不如話好」的力量，還會散發出獨特的人格魅力，日本的西鄉隆盛就是這樣的人物。

西鄉隆盛向來不修邊幅，喜歡過一種樸素無華的生活。即使是在明治維新後，他官至日本陸軍總司令、近衛都督，位極人臣時也絲毫未變。他住的是房租僅為三元的房子，穿的是薩摩碎白道花紋布衣，腰上纏一條白棉布腰帶，他以這種打扮參加宮中的酒會而泰然自若。

西鄉最討厭與人爭論，他平時少言寡語，徹底信守「沉默是金」的人生準則。因主張征韓論失敗而與西鄉同時下臺的土佐藩人士後藤象二郎曾經指出：「和西鄉議論時，由於對方在議論中始終默默不言，所以常以為自己獲勝，但是，回到家再仔細一想，才發現原來自己才是輸家。」

西鄉隆盛那近乎極端的沉默寡言，尤其在下面一則故事中表現得淋漓盡致。

有一天，西鄉被邀請參加宮中的酒會。會後要離開時，他找不到自己的木屐了。這時外面下著雨，但他也沒有叫人幫忙找，就打赤腳默默地走出宮門，向雨中走去。來到城門口時，站崗的衛兵便把他叫住，要他報出官銜和姓名。等他報出「陸軍上將，西鄉隆盛」的官銜和姓名後，衛兵非但不相信，還不准他通過城門。

若是一般人，這時可能就會與衛兵爭論一番，但是，西鄉就這樣默默地站在雨中，等待認識自己的人經過。不久，古大臣（明治維新政府的內閣官名，相當於右相）岩倉具視坐車經過這裡，證明了西鄉的身分，西鄉才被放行。

明治維新的傑出人物之一阪本龍馬曾經根據與西鄉第一次見面的印象，評論西鄉說：「西鄉是愚蠢，但其愚蠢的程度有多大卻不可測。輕輕敲他，則輕輕地響，用力敲他，則響得也大。」

西鄉隆盛之所以受到前輩、同僚的重視以及部下、後輩的信服，其原因就在於他為人的魅力與高深莫測！

哈佛社交專家指出，以下情景中該懂得聰明閉嘴：

對方在氣頭上；

對方正忙得不可開交，分身乏術；

對方累得眼睛快要睜不開；

對方完全不說話；

對方不斷轉移話題，顧左右而言他；

對方直接明白地拒絕你；

對方比你還想說話。

在以上這七種情況下，聰明適時的沉默會給對方留下較好的印象，之後再誠懇地說服對方往往會有不錯的結果。

## 讓對方有面子

在任何商務或其他交際場合中，我們都要學會適時地採用「建議」，而不是「命令」的口吻去和他人商談，這樣不但能維持對方的面子，而且能使對方注意自己的錯誤，並與你合作。

——哈佛箴言

我們在他人面前呵斥一個小孩或下屬，找差錯、挑毛病，甚至進行粗暴的威脅，卻很少去考慮他人的自尊心。其實，只要冷靜地思考一兩分鐘，說一兩句體諒的話，對別人的態度緩和一些，就可以減少對別人的傷害，而收穫卻是難以想像的豐厚。

社會上的人歷來都是重體面的，特別是在一些重要的商務交際場合，大多數人都認為「有傷臉面」和「無臉抬頭見人」是最大的恥辱。所以，絕大部分人都「寧願身受苦，不願臉受熱」，特別是那些能力低、有自卑感的人，自尊心會更強。

我們常常無情地剝掉了別人的面子。傷害了別人的自尊心，抹殺了別人的感情，卻又自以為是。

卡內基覺得很榮幸，能夠有機會同美國名傳記作家伊達·塔貝爾女士一起用餐。當卡內基告訴她，自己正在寫《人性的弱點》這本書的時候，他們開始討論與人相處的重要問題。塔貝爾告訴卡內基，當她撰寫歐文·楊的傳記時，曾訪問一位跟歐文·楊先生共處一間辦公室三年的人。

結果那人說，在這三年的長時間中，他從沒有聽到歐文向任何一個人說出一句直接命令的話。歐文的措辭始終是建議，而不是命令。

例如，歐文從沒有說過像「做這個，做那個」或者是「別做這個，別做那個」之類的話。他平時對人的措辭是：「你不妨可以考慮一下」或者是「你認為那個有效嗎？」

當他擬完一封信稿後，經常會這樣問：「你認為如何？」當他看過助理寫的一封信後他會這樣說：「或者我們這樣措辭會比較好一點……」他總是給人自己去思考、去做事的機會。

即便是下屬做錯了，他也絕不告訴他的下屬應該怎樣去做，而讓他們從錯誤中去學習經驗。像歐文・楊的那種方法，使人很容易改正他原來的錯誤。運用那種方法，他保住了對方的面子，而且使那人有了自尊感。使用那種方法，也很容易贏得對方的真誠合作，而對方不會有任何反抗或是拒絕。

讓對方有面子！這是多麼重要，然而我們卻很少有人想到這一點！對此，哈佛人士指出，在任何商務或其他交際場合中，我們都要學會適時地採用「建議」，而不是「命令」的口吻去和他人商談，這樣不但能維持對方的面子，而且能使對方注意自己的錯誤，並與你合作。

哈佛大學的一位商業人士，分享了他的心得：

「辭退雇員，不是一件有趣的事。被辭退的人，當然更不覺有趣可言了。我負責的業務都是有季節性的，所以每年的三月，我都需要辭退一批雇員。

「在我們這一行業中，有一句俗話——沒有人願意掌管斧頭。結果，就形成一種習慣，越迅速解決越好。在我解聘一位雇員時，總是這樣說：『請坐，現在季節已過，我們似乎已沒有什麼工作給你做了。當然，我相信你事前也知道，我們只是在忙不過來的時候，才請你們來幫忙。』

「我所講的這些話，對這些人的影響，是一種失望，一種被人辭退的感覺。他們當中多數是終身在會計行業中討生活的。他們對這些草率辭退他們的機構，並不會表露出特別的喜愛。最近，當我要辭退那些額外雇員時，就稍微用上一點手腕，我把每人在這一季中的工作成績仔細看過後，才會見他們。

「我與他們的談話是這樣的：『某某先生，你這一季的工作成績很好。前次，我派你到紐瓦克城辦的那件事，的確很難，但是你卻辦得有聲有色，公司有你這樣的人才，實在幸運。你很能幹，你的前途遠大，無論到什麼地方都會有人歡迎你的。公司很相信你，很感激你，希望你有空常來玩！』

「結果如何呢？這些被辭退的人，心情似乎舒服多了，他們不再覺得是受了委屈。他們知道以後如果這裡再有工作時，我們還會請他們來的。所以，當我們第二季又請他們來時，他們對我們這家公司更有親切的感覺了。」

在商界要想獲得他人的合作與認可，一定要懂面子的重要性，更要懂得如何照顧朋友的面子。如果你自恃自己的資格老、資歷高，就會不把別人放在眼裡，就會拒別人於千里之外。如果對方很要面子，就可能不吃你那一套，甚至可能撕下臉皮和你對著幹，這樣不僅會把你的人際關係搞砸，而且還會影響你的財富之路。

當然，**給別人面子要給得恰當，不恰當就是不給面子**。如果被請之人面子很大，而你又沒有給他應有的待遇，則會弄巧成拙，把給面子的事情弄成了極傷面子的事情。為此，每位社交人士都應該明白：尊重他人才能獲得他人的尊重，想要同合作夥伴儘快在致富的過程中達成一致，就應保護好彼此的面子。

# 第 6 課

## 三分鐘讀懂人心，掌握社交主動權

哈佛社交課上說，那些我們時常一起聚餐閒聊的朋友是什麼樣的個性，我們當然非常瞭解。但是面對一些初次見面卻又不得不寒暄應酬的人，洞悉對方的個性，是最終達成有效溝通不可或缺的條件。

# 肢體語言透露一個人的真實心思

人的表情，是情緒的晴雨錶。如果強忍情緒佯裝面無表情，這時，情緒便會在手腳的動作中流露出來。

——哈佛箴言

哈佛大學的肢體語言學專家馬萊比昂說過，一個強而有力的握手會將自己的熱情、溫暖及善意傳遞給對方。它意味著「我們一起加油吧」或者「我對你的印象很不錯」。除了握手，還有很多肢體動作能傳達一個人的想法和感情。

## 喜歡碰觸他人身體表示友好

「近來如何？」「好久不見，最近過得好嗎？」邊寒暄邊將手搭在對方肩上，另一隻手則緊緊握住對方的手，這種習慣以碰觸他人身體表示友好的人，一般人的印象多半是政治家或是中小企業董事長的身分。雖說此舉是為了表現親和力，但難免令人感覺過度親昵而渾身不自在，那是因為我們並沒有借身體接觸來表示友好的習慣，所以如果你有這種習慣又不懂得分寸的拿捏，是會被貼上不受歡迎的標籤的，尤其是當男性對女性朋友做出這類動作的時候，很可能被認定為性騷擾。

初次見面就以碰觸對方身體來打招呼的人，通常是過分自信的人。這種人完全不在乎對方的感受，單憑直覺認為這種舉動可拉近彼此的距離，把他人當作自己的部屬來照顧，就像愛護寵物一樣。

若你樂於接受這種人的舉動，便會得到很好的照顧；反之，他則會認為你背叛了他，翻臉就像翻書似的，輕易將你趕出他的勢力範圍。如果突然之間，他不再像以往那樣對你勾肩搭背時，你就應該小心為妙，因為肢體語言告訴你，他已經將你排除在朋友之外了。

### 握手也能傳情達意

以下手的動作即表示同意的態度，如遇對方有如此動作，你大可鬆一口氣，與他進行進一步的交流。

——手腕放鬆，沒有握拳。

——手掌張開、放在桌上。

——拿開桌上的障礙物。

——托著下巴作思考狀。

如果他的手出現以下動作你則要小心了，這些可是代表否定的態度，你要提高警惕。

——胸腹前兩手握拳。

——雙肘打開，兩手放腿上。

——兩手交叉放在腦後，使身體向後搖動。

——手指面對你，做數數字狀。

——談話進行時，不斷移動桌面東西。

——把抽屜打開又關上，好似尋找東西。

——用手指壓住額頭中間。

——用雙手托著下巴。

——用手掌輕拍打桌面。

以上皆表示「我不高興」「我不想說話」「我不同意」的心理。此時不適合再採取說服對方的說辭，而應結束對話起身告辭或改變話題。

## 走路姿態是性格的表象

**步履平穩型**：這種人注重現實，精明而穩健，凡事三思而後行，不好高騖遠。重信義守承諾，不輕信人言，是值得信賴的人。

**步履急促型**：不論有無急事，任何時候都顯得步履匆匆。這類人明快、有效率，遇事不推諉卸責，精力充沛，喜愛面對各種挑戰。

**上身微傾型**：走路時上身向前微傾的人，個性平和內向，謙虛而含蓄，不善言辭；與人相處時，外冷內熱，表面上沉默冷淡，實際上極重情義，一旦成為知交，誓死不渝。

**昂首闊步型**：這類人以自我為中心，凡事只相信自己，對於人際關係較淡漠，但思維敏捷，做事有條不紊，富有組織能力。自始至終都能保持自己的完美形象。

**款款搖曳型**：這種走路姿態多半是女性，她們腰肢款擺，搖曳生姿，為人坦誠熱情，心地善良，容易相處，在社交場合中永遠是受人歡迎的對象。

**步履整齊雙手規則擺動型**：這類人對待自己如軍人般，意志力相當堅強，具有高度組織能力，但容易偏向武斷獨裁。對生命及信念固執專注，不易為人所動，不惜犧牲性命去達成自己的目標與理想。

**八字型**：雙足向內或向外，形成八字狀，走起路來用力且急躁，但是上半身卻維持不動。這種人不喜歡交際，但頭腦聰明，做起事來總是不動聲色，偶爾有守舊和虛偽的傾向。

**漫不經心型**：步伐散漫，毫無固定規律可循，有時雙手插進褲袋裡，雙肩緊縮，有時雙手伸開，挺胸闊步。這種人達觀、大方、不拘小節，慷慨有義氣，有創業的雄心，但有時容易變得浮誇，遇到爭執絕不肯讓人。

**腳踏實地型**：雙足落地時鏗鏘有力，抬頭挺胸，行動快捷。這種人胸懷大志，富有進取心，理智與感情並重。

**斯文型**：雙足平放，雙手自然擺動，走起路來異常斯文，毫不扭捏。這種人膽小、保守，缺乏遠大理想，但遇事冷靜沉著，不易發怒。

**衝鋒陷陣型**：行動快速迅捷，從不瞻前顧後，不管人群擁擠或人煙罕至之地，一律橫衝直撞。這種人性格急躁、坦白、喜交談，不會做出對不起朋友的事來。

**躊躇不決型**：舉步維艱，躊躇不前，彷彿前端佈滿陷阱似的。這種人個性軟弱，逢事思考再三，瞻前顧後，但憨直無欺，重感情，交友謹慎。

**混亂不堪型**：雙足與雙手揮動不平均，步伐長短不齊，頻率複雜。這種人善忘、多疑，做事往往不負責任。

**觀望不前型**：行走遲緩，猶猶豫豫，閃閃躲躲，彷彿做了虧心事。這種人胸無大志，好貪小便宜，不善與朋友交往，喜歡獨處，工作效率低。

**扭捏作態型**：走路如迎風楊柳，左右搖擺。這種人好裝腔作勢，做事不肯負責，氣量狹小，個性奸詐，善於諂媚。

**吊腳型**：步履輕佻，身軀飄浮。這種人生性狡猾，有小聰明但不能用在正處。性情陰沉，憤怒不會顯露於臉上，當他肯幫助別人時，通常都要索取高昂的代價。

**踉蹌型**：舉步蹣跚，忽前忽後，喜歡在人群中東奔西竄。這種人做事粗心大意，但慷慨好施，不求名利，安分守己。愛熱鬧，健談，思想單純，喜戶外活動。

**攜物型**：走路總愛攜帶物品，如書籍、腰包等，否則就覺得空蕩蕩無所依恃。這種人心情憂鬱、性格內向，又或者是悲觀主義者，或有嚴重的自卑感。

## 眼神是思想的驗鈔機

在會議上或是其他場合中，你若試著觀察其他人，將可發現其中有視線遊移不定的人，也有一些視線沉穩的人。借助對方視線移動的方式，可以瞭解這個人腦中正處於什麼樣的狀態。

以下列出幾點供讀者參考：

——眼睛直直地盯著對方，心中可能有隱情。

——在交談的空檔停下來注視對方時，表示說話內容是自己所強調的，或希望聽者更能理解其中的含義。

——初次見面先移開視線者，多半逞強好勝想處於優勢地位。

——與對方的眼神一接觸，立刻移開目光者，大都有自卑感或心理有缺陷。

——看異性一眼後，便故意轉移目光者，表示對對方有著強烈的興趣。

——喜歡斜眼看人者，表示對對方懷有興趣，卻又不想讓對方識破。

——仰望對方時，表示對對方懷有尊敬和信賴之意。

——俯視對方者，欲向對方顯示威嚴。

——視線不集中在對方身上，迅速移轉者，大多屬於內向的人。

——視線左右晃動，表示他正陷入苦思冥想當中。

——談話時，目光突然往下望，表示此人正陷入沉思狀態。

## 從嘴的動作瞭解對方

面帶笑容的人較容易使人接近，會增加雙方的親密度，迅速增進友誼；若是在較正式的談話場合，如商業談判及討論會議中能夠始終露出笑臉，則更有助於談判的順利進行和問題的解決。

笑是嘴開放性表達感情的方式，但是從嘴部的其他動作中，又能傳達出什麼意思呢？

**舔唇**：經常舔嘴唇的人，大多思維活躍、頭腦靈活。他們判斷事物準確，從不主觀臆斷好壞，說話總是有理有據，而且無論觀點遭到多少人的反駁，大多能自圓其說，令對方不得不點頭稱是。不過，這種人也有心術不正的一面，當其欲為個人謀利，或個人利益受到侵犯時，一般會採取打擊報復，信奉「人不為己，天誅地滅」的人生哲學。如果你的身邊有這種人，最好敬而遠之，減少來往。

**舌頭在口腔內打轉**：有這種習慣動作的人，通常對對方缺少尊重，或是對對方的看法與觀點表示不滿和不同意。這種人的生活態度並不是很嚴謹，以一種順其自然的方式處理生活中的人際關係和事情。由於個性較孤傲，所以很難令人接近。但是這種人絕不是人性險惡的小人，他們大多喜歡隨遇而安，今朝有酒今朝醉，明朝事上天自有安排是他們性格的集中體現。如果你是一個自尊心不是很強，而又時時需要輕鬆快樂一下的人，這樣的朋友無疑是不錯的選擇。

**嘴唇緊閉，下唇乾燥**：這種人從氣質類型上來講屬於抑鬱氣質的人。他們多懷有一種杞人憂天的心理，是一個不折不扣的悲觀主義者，就算偶爾開懷一次，也會馬上想到壞的方面，從而更加痛苦。

**壓緊下唇**：如果女性有這種習慣性動作，則說明這個人內心脆弱，總是有一種不安全感。這不僅表現在壓緊下唇上，其他如雙腿並緊、雙手環抱於胸前等動作，都反映出這一心理狀態。如果是男性有這一習慣，則大多是故作緊張，可能是想掩飾什麼，或有別的目的。否則，他很可能是一個習性女性化的人。

**用力上下咬牙，使兩頰肌肉顫動，面頰抽筋**：這種人性格外向，屬於易暴易怒，缺乏冷靜的一類。只要是他看不過去的事就要管，聽不順耳的話就要說，甚至有時會因此與人拳腳相加。與這類人交往應摸透其脾氣秉性，不然就可能適得其反，交友不成反結仇了。

**以手遮口**：「遮嘴」這個動作，通常也表示有所隱瞞。將不能說的秘密一不留神說漏嘴時，人們會用手把口遮住。這個肢體語言所傳達的資訊就是要自己「住嘴」。手經常在嘴巴附近移動，或者習慣用手遮掩嘴巴的人，心中必定信奉「沉默是金」「言多必失」的信條。

這類人不太向他人傾吐自己的心事，總是在某處冷眼旁觀事情的發展。當事情發生時，會以旁觀者的口吻說「果然不出我所料」。既不哭鬧也不動怒，情緒起伏不大，但這並不代表他可以冷靜地處理事情。這種人絕不會主動表示自己要做什麼，別人也無法得知他到底想做什麼。或許他心中正計畫著某件事情，卻不會輕易表現出來，別人也無從得知。

這種人甚至在與他人交往時也採取保持距離的心態，儘量避免過於黏膩的關係，給人冷漠的印象。若對他太過親密，反而易引起他的反感；就算他主動接近你，也不會讓你觸碰到他的內心深處。與這種類型人的相處，保持適當距離才是明智之舉。

## 雙臂交叉抱於胸前是防衛姿態

雙臂交叉抱於胸前，是一種防禦性的姿勢：防禦來自眼前人的威脅感，保護自己不產生恐懼，這是一種心理上的防衛，也代表對眼前人的排斥感。

這個動作似乎在傳達「我不贊成你的意見」「嗯……你所說的我完全不明白」「我就是不欣賞你這個人」。當對方將雙臂交叉抱於胸前與你談話時，即使他不斷點頭，其內心對你的意見也是不贊同的。

也有一些人在思考事情時，習慣將雙臂交叉抱於胸前。但是一般來說，有這種習慣的人，基本上是屬於警戒心強的類型。在自己與他人之間畫下一道防線，不習慣對別人敞開心胸，永遠和對方保持適當的距離，冷漠地觀察對方。

你可以觀察一下，對方是習慣將雙臂交叉抱於胸前還是自然地放於兩旁呢？自然放於兩旁的人，較為友善易於親近，並且可以很快地和你成為好朋友。不過，若你有不想告訴他人的秘密，又想找人商量時，請選擇習慣將雙臂抱於胸前的人。因為太過直率的人守不住秘密。而習慣於雙臂抱胸的人會守口如瓶。但是，要和這種人成為親密的朋友，可能要花上很長一段時間。

## 搓鼻子是欲蓋彌彰的動作

說謊話者最擔心害怕的事，無疑就是謊言被拆穿。只要心中存在秘密，便會有害怕被對方看穿的恐懼；你越心懷恐懼，臉上的表情也就越不自然。

為了掩飾不自然的表情，我們就會借助頻頻搓鼻子、揉眼睛來轉移別人的注意力。經常觸摸臉部的人也給人不穩重的感覺，這是一種內心不安的外顯動作，不想讓人在自己的臉上讀到企圖隱瞞的事。心虛地這裡摸那裡碰，反而更容易引起別人的注意。因為無法自如地控制身體各部位的小動作，手才會不自覺地移到臉上，想借此來蒙蔽對方的視線。

但是，這動作也未必就是代表心中有鬼、蓄意撒謊。例如，朋友生日時，悄悄地準備生日禮物，想讓對方驚喜一番。這時候，也有可能會出現摸臉搓鼻子動作。

又或者是，對某位異性深具好感，卻羞於表達，這種情況稱作「害羞的隱瞞」。也就是說心中明明深藏愛意，卻不敢大方表白出來，於是便不知不覺地頻頻搓鼻子摸臉頰，這也是隱瞞的一種。

另外還有一種人，邊摸鼻子邊客氣地說：「哪裡哪裡，這只不過是不足掛齒的小事罷了。」其實心中暗想：「怎麼樣？我很厲害吧！」這是想隱藏「自滿心理」的另一種表現。還有一種是當事者並不是刻意想隱瞞事情，只是時機尚未成熟，但又不小心說漏了嘴，這時，便會驚慌失措地將手伸向自己的臉。但心中坦蕩，不想隱藏任何事情，無須提心吊膽怕對方看穿自己的心思，因為摸臉這樣的小動作是不會出現的。

# 說話習慣透露對方的心理模式

觀察一個人談話的速度和語氣，是開啟一個人心理狀態的鑰匙。

——哈佛箴言

由於說話習慣人言人殊，經由統計，歸納結果就可以將說話習慣與一個人的心理模式產生關聯。下面是哈佛課上對幾種常見的說話模式的分析。

**從談話速度和語氣洞悉人心**

說話的速度快慢與一個人的性格絕對脫不了關係，一個慢郎中絕不會說出如連珠炮般的話語來。談話速度快的人，大多性子急；而那些說話慢條斯理的人，多是慢郎中，不管遇到什麼事情，總是不疾不徐，反應比別人慢半拍。

不滿對方或心懷敵意時，言談的速度就會放慢；相反地，當心裡有鬼或想欺騙他人時，說話的速度大多會加快。

一個平時沉默寡言的人，一時之間變得能言善辯、喋喋不休，表明其內心有不想為人知的秘密或心虛，想用快言快語作為掩飾。

充滿自信的人談話時多用肯定語氣；缺乏自信或性格軟弱者，談話的節奏多半慢條斯理、欲振乏力。

喜歡小聲說話的人不是對事物缺乏自信，就是有點女性化；而那些說起話來沒完沒了，希望話題無限延長的人，其內心潛在一種唯恐被別人打斷和反駁的不安，唯有這種人，才能以盛氣凌人的架勢談個不停。

喜歡用曖昧或不確定的語氣、詞彙作為結束的人，害怕承擔責任。經常使用條件句的人，如「這只是我個人的看法」「不能一概而論」「在某種意義上」「在某種情況下」等，大多屬於神經質和怕得罪人的退縮型人格。

聆聽他人講話時，眼神無法集中，東張西望或玩弄手指頭，表示對談話者感到厭煩；而頻頻重複對方的話，表示具有高度的耐心與好奇心。

聽別人說話時不停地大幅度點頭的人，表示正認真地聽對方講話。而聽話時點頭示意，可是視線不集中於對方身上的人，表示對對方的話題沒有產生共鳴；點頭次數過多，或者胡亂附和的人，多半不瞭解談話的內容；一面講話，一面自我附和的人，大都不容許對方反駁，性情極為頑固，這種人不能與聽者進行交流，往往一人唱獨角戲，自行下結論。

## 習慣說「不過」的人

通過口頭禪可以清楚地看出一個人的個性，但是有些人對於自己的口頭禪，反而不怎麼留意。

常說「不過」的人，和常說「但是」的人，基本上是半斤八兩，都是自我主張強烈的類型。然而兩者相比較之下，常說「但是」的人較具有主動的攻擊性，而喜歡說「不過」的人則習慣隱藏自己攻擊性。

習慣說「不過」的人，喜歡表現自我，期望得到眾人的注目，卻又不想引起他人的反感。舉幾個例子：

「雖然您這麼說，不過，應該是這樣不是嗎？」

「不過，那樣子可能行不通喲！」

這一類型的人習慣把責任推給別人，強調自己處於「無可奈何」的情況下，而刻意逃避必須負責的重擔。

這種人城府深、心機重，做任何事情都會預先設想萬一失敗時要如何逃避責任的問題，如「如果到時我被這樣責難的話，就用這個法子來搪塞過去」「可能會被這樣批評，不過這也是沒有辦法的」等，心中預先演練各種可能會發生的狀況，並且預備好各式臺詞作為藉口。

在跟人相處方面也是如此，第一次見面時，他通常不會主動向對方表現友好，而是保持距離以方便觀察：看看對方和自己是否是同一陣線的人，還是會扯自己後腿的人。謹慎地分析判斷之後，他才會慢慢地接近對方。

表面上他們通常給人和藹可親的感覺，容易和人打成一片、融洽共處。但是一旦明瞭對方並不是和自己站在同一陣線，他會毫不猶豫地斬斷這份友情，過河拆橋，表現出其冷酷的一面。

若要讓他們對別人推心置腹、說出肺腑之言是不太可能的，因為他們隨時都處於警戒、防備的狀態之下，不容易打開心房。如果想和他們和諧共事，你必須下相當大的功夫。一旦有事情發生時，也別指望他們會扛下責任，因為他們反而會把一些莫須有的罪名加諸你身上。對這一類型的人還是小心應對為妙！

## 經常將「可是」掛在嘴邊的人

習慣說「但是」「可是」的人，當對方說的話他不很認同，或者抱持否定的態度時，便會使用「但是」這個轉折語；當他認為對方所說的是錯誤的，想要反駁或推翻他們的言論時，也經常使用「但是」這個詞語。

然而有一種人，不論什麼時候都喜歡使用「但是」這個連接詞。他們想要打斷別人的話題時，就會以「但是」作為開場白。一般在「但是」後面所接的句子應該是否定的，但仔細聽他們接下來所發表的意見，其敘述的內容根本與剛才所述大同小異。這種時候似乎沒有使用「但是」的必要，他們之所以如此，其用意只是為了不想一直扮演「聽者」的角色，而希望他人的焦點都轉移到自己身上。

其實想要提高自己價值的方法有很多種，根本沒有必要選擇否定對方的這種方式。他人的觀點是正確的，自己的看法也沒有錯，「你是你，我是我」，每個人都有自己的生存方式以及思想，但是，偏偏就有人就屬於那種不否定別人就無法肯定自己的類型。這種老愛說「但是」的人，心中就常存有否定對方的攻擊性心理。只要能將對方貶低，就覺得自己變得很偉大。

因為如此，這種類型的人便常常喜歡濫用「但是」這個詞，為反對而反對，為否定而否定。如此一來，原本愉快的談話也會變得索然無味，即使如此，這種類型的人還是對於他人的感覺無動於衷。

他們喜歡接近可以讓他們自己充分感受到優越感的人。例如：遭到主管斥責以致情緒低落的同事、剛失戀的友人等，因為這些人心情鬱悶，自信心盡失，所以和他們相處，自然會感覺到相當的優越感。而他們對這類不具威脅性的人，反而會靜靜地聆聽其心聲，並頻頻認同地點頭，表現異常地親切。但是，要注意這並不是他們發自內心的真正親切，切莫誤認為他們是「和藹可親」的人，否則吃虧上當時就後悔莫及了。

## 常說「所以說」的人

「所以說」是用在強調並且延續之前所提過的事情，或者作為結論時的用語。

「這件事的情況是這樣的……所以說，會變成現在這樣也是正常的，不是嗎？」

「……所以說，我以前不就提醒過你了嗎？」

「所以說，那件事本來就應該如此。」

常把「所以說」掛在嘴邊的人，是經常強調之前自己說過的話，並下結論的類型。他們認為自己在一開始的時候就已經瞭解所有的事情，頗有事後諸葛之嫌。

當別人說出事情的結果時，他們總是會說：「我之前不就說過了嗎？我早知道結果會是如此。」特別強調自己對事情的發展早已經瞭若指掌。他們絕對不會說：「是啊！你說得對，我也是這麼想。」而總是說：「所以說，這件事情就是這樣，我之前不就說過了嗎？」態度表現得非常強硬、傲慢，並且喜歡將所有的功勞往自己身上攬。

他們認為自己所說的話具有絕對的權威性，並有鄙視他人的心理。說話完全不顧及對方的心情，因此對方常會為了他們這種隨意踐踏他人的態度而受到傷害。正是如此，常常把「所以說」掛在嘴邊的人，容易惹人討厭而自己完全不自覺。事實上他們並不覺得自己是個傲慢、令人厭惡的人，反而認為自己相當值得同情。因為他們得不到眾人的認同、理解，周圍的人都不願意去傾聽、去瞭解他們的事，頗有眾人皆醉我獨醒的寂寞之感。因此常在心中吶喊著：「所以說，我之前就警告過了，為什麼大家都不願意聽我的話呢？」

如果多瞭解他們一些，就知道其實要和這類型的人相處並不困難。因為他們非常希望得到他人的認同，渴望自己在他人心目中的形象是「見識廣博，什麼都懂」，所以如果想和他們好好相處，只需要在這一點上多忍耐擔待一些。

# 解讀「目光語」的內涵

你學會了如何從別人的眼神中看出意圖，也就學會了如何避免讓別人從自己的眼神中看到脆弱。

——哈佛箴言

哈佛的心理學者愛德瓦斯・海絲曾做過這樣一個很有趣的實驗：他選擇了男女兩組被測試者，分別給他們放映五張幻燈片，五張幻燈片的內容有嬰兒、懷抱嬰兒的母親、男性裸體照片、女性裸體照片和風景畫，並對實驗者的瞳孔進行攝影記錄。結果顯示瞳孔放得最大的是看異性裸體照的時候，瞳孔放大百分之二十，而且男性和女性瞳孔放大的程度沒有分別。

愛德瓦斯・海絲的實驗表明，這種瞳孔的放大和縮小，雖然只是微小的身體動作，但卻能通過這種變化非常準確地判斷出一個人的心理活動及其變化情況——當感覺神經受刺激，或在強烈的心理刺激下，比如興趣或追求動機，瞳孔就會迅速擴大，這種反應在心理學上被稱為心理感覺反射。

豐富多變的目光語比語言更能透露我們內心的秘密。心裡高興時，眼睛會瞇成一條線；內心疑惑時，眼睛會眨個不停；感覺吃驚時，眼睛會瞪得很大；不屑一顧時，眼睛會避免看對方或只做斜視……總之，透過眼神去窺視人的心理活動，是人們在社會生活中常用的方式。

但是，如果你想有意地、主動地從眼神中透視對方心態，就必須像哈佛的社交課上所提到的那樣，學習和掌握一定的理論和技巧。

下面，我們就以各種場合為例，來探討各種目光語的內涵及使用規則。

**表示禮貌**

與人交談中，要看著對方的下巴；聽人說話時，要看著對方的眼睛；被介紹與他人認識時，只能看著對方的面部，而不能上下打量對方。

**表示傾聽**

要看著對方，不可東張西望，更不可以頻頻看錶。

表示懇求

當有求於他人，等他人回答時，眼睛宜略朝下看，即俯視，這樣可以讓你顯得更加誠懇。

表示打斷

想要對方快點閉上嘴巴，可以將目光轉向他處。相反，如果是希望對方繼續說下去，則可以將散漫的目光收回，重新集中到對方的臉部。

表示未知

如果知道對方有煩惱的事，與之打招呼時要避免與其目光相撞，否則對方會以為你發現了他心裡的秘密，而這可能會讓他感覺不舒服。如果對方身上有缺點，也要使目光儘量避開這些缺點，否則對方會很反感，而且一旦對方有了反感的情緒，即便你再予以讚美，也會給人以做作、虛偽之感。

表達逃避

談話時長時間不看對方通常被視作一種失禮行為，同時也容易被理解為是在躲避，這意味著你企圖掩飾或心裡隱藏著什麼事。如果你不希望對方這樣猜測你，那就要避免使用這種目光語。

**表達抗議**

內心不服氣或有憤怒之情，並且希望表達出來時，一定要直視對方的眼睛，這樣才能給對方以壓力，達到最佳抗議效果。

**表示公事公辦**

想像對方的臉上有一個三角形，這個三角形以雙眼為底線，以前額髮際為頂點。在正式談判時，如果你一直盯著這個三角形看，會在無形中給對方一種暗示：「我有清楚的底線，我不會破壞原則。」

**表示認真和誠意**

如果是在進行商務洽談，時不時將目光落在對方臉部的三角形上，會讓對方感覺到你嚴肅認真的態度以及誠意，這有助於你把握住談話的主動權和控制權。

**表示感興趣的程度**

與人交談時，視線接觸對方面部時間，應占全部談話時間的一半左右，這樣對方感覺最舒服，也能體會到你對談話內容較感興趣的心理狀態。超過這個平均值，對方會認為你對談話者本人比對談話內容更感興趣，這顯然很不禮貌，尤其當對方是異性時；低於這個平均值，則表示你對談話內容和談話者都不怎麼感興趣，這顯然會引起對方心中不快。當然，如果你確實想表達上述意思，那你就可以這樣做。

# 通過細節洞察對方的人品

人是很複雜的，瞭解一個人並不是一件簡單的事。但只要我們注意觀察，就可以通過一個人的喜好瞭解他的素質、修養和品德。

——哈佛箴言

物以類聚，人以群分。只有性情相近、脾氣相投的人才能走到一塊兒成為朋友。如果對方的朋友都是一些不三不四、不倫不類的人，他的素質也不會太高；如果他結交的都是些沒有道德修養的人，他自己的修養也不會太好。

有的人交朋友以性格、脾氣取人，能說到一塊就是朋友；有的人則以追求取人，有相同的追求就能成為朋友；有的人則因為愛好相同而走到一起。

但無論如何，只有二人修養相當、品質差不多時才能成為永久的朋友。所以，瞭解一個人的朋友也就瞭解了這個人。

想瞭解一個人，還可以觀察他是怎樣對待別人的。

人在得意的時候，特別愛訴說他與別人在一起交往的情景，他說的時候是無意的，不會想到他與被說人有什麼關係，所以一般比較真實。

如果對方當著你的面說自己如何占了別人的便宜，如何欺騙了對方等等，那你以後就得對他注意一點兒，他也有可能會這麼對待你。

還有一種人比較圓滑，好像很會處世似的，往往是當面一套，背後一套，當著你的面說你如何如何好，別人如何如何不好。聰明的人就得注意這種人了，因為他在背後說別人壞，就有可能在你背後說你壞。

而有一種人可能當面批評你，指出你的缺點來，卻又在你面前誇獎別人的優點，你也許不願接受他這種直率，但這種人卻是非常可信賴的人。

另外，看一個人如何對待妻子、兒女、父母，就可以分析出這人是否有責任感，自私還是不自私。

你可以通過他是否按時回家，有急事時是否想著通知家人，說起家人時感覺是否很親切等，從這些細節可以看出他對家人的態度。一個不把家人放在心上的人是不會把朋友放在心上的。這種人往往心裡只裝著自己，只關心自己的得失安危，根本就不會想到朋友。所以交往時要注意儘量不要與那些沒有家庭觀念的人結交。

知彼知己，百戰不殆。一般來說，與人交往之前，可運用以下四種方式對其進行具體考量。

## 以自己的感覺為依據

自己的感覺是最可靠的，唯有自己的感覺不會欺騙自己，所以評價一個人怎麼樣，不能聽信別人，更不能人云亦云。當然，當你所要接近的人已經聲名狼藉時，你必須加倍小心，以免受害。

## 重在表現，既要聽其言，更要觀其行

生活中不乏口是心非的人，如果只聽其誇誇之談，顯然會被其誤導。只有行動才能暴露一個人的本質。也只有經過對其具體行動的考量，我們才能夠對他做出一個大致的評價。具體考量時，需從以下幾個方面入手。

- 在關鍵時刻或者危急時刻瞭解他，以便我們看清他的性格、個性以及人品。
- 通過他的工作瞭解他，可以判斷出他的工作能力、業務水準和敬業程度。
- 通過其他人瞭解他，可以判斷出他在人群中的形象、地位以及前途。

- 通過他與別人的人際關係好壞瞭解他，可以判斷出他在處理人際關係方面的能力。
- 在是非中瞭解他，可以清楚地瞭解他的人格。

## 確立自己個人的分類標準

一般來說，可以把周圍的人按照性格特徵來分類，或者按照人品來分類。讓他們一一對號入座，你心中就有了一個大致的交往之道，比如老張很踏實，應該多交往；小陳工作散漫，還喜歡說同事的壞話，要跟他保持距離，等等。

## 長期觀察，隨時調整

人是極其複雜的動物，而且很多人都有多重人格面具，因而想一次性瞭解透徹一個人極不現實。瞭解一個人，需要長期觀察，而不是在見面之初就對一個人的好壞下結論，因為太快下結論，認識會因你個人的好惡而發生偏差，從而影響你們的交往。

另外，人為了生存和利益，大部分都會戴著假面具，你所見到的是戴著假面具的「他」，而並不是真正的「他」。這是一種有意識的行為，這些假面具有可能只為你而戴，而扮演的正是你喜歡的角色，如果你據此判斷一個人的好壞，並進而決定和他交往的程度，那就有可能吃虧上當或氣個半死。

在初次見面後，不管你和他是「一見如故」還是「話不投機」，都要保留一些空間，而且不要摻雜主觀好惡的感情因素，然後冷靜地觀察對方的行為。

一般來說，人再怎麼隱藏本性，終究要露出真面目的，因為戴面具是有意識的行為，時間久了自己也會覺得累，於是在不知不覺中會將假面具拿下來，就像前臺演員一樣，一到後臺便把面具拿下來。正所謂「路遙知馬力，日久見人心」。

# 習慣性小動作暴露個性

沒有人可以隱藏秘密，假如他的嘴巴不說話，則他會用指尖說話。

——哈佛箴言

與言語交流不同，我們的身體動作很多時候是不受意識控制的，那是我們無意識的反應。

喬箐是一家建築公司的業務經理，最近在和一家公司進行工程談判時，遇到了一位讓人難以琢磨的老闆。

這位老闆一味地要求降低價格，並且不斷威脅喬箐說，如果不降低價格的話，就與另一家公司合作。喬箐有點沉不住氣了，現在的建築行業競爭太激烈，能夠遇到這樣一個上千萬元的大單實在不容易，如果不降價，最後這筆生意黃了，對於公司而言將是一個莫大的損失。但是一同參與談判的公司老闆卻好像是鐵了心，堅決不降價，不僅如此，還擺出一副愛答不理的樣子。

出乎喬箐意料的是，最後這筆生意竟然談下來了。

在事後的慶功宴上，喬箐對著老闆豎起大拇指：「您真是有膽量，這麼大的單子竟然能下得了狠心。」

老闆笑瞇瞇地說：「這不是我敢賭，如果做生意靠賭的話，再大的生意也得虧完了。」

喬箐很奇怪地問老闆：「那您是憑什麼斷定對方會採納我們的方案呢？難道您有內線不成？」

老闆嘿嘿一笑：「小喬啊，做生意要與時俱進，我用的內線就是對方老闆的身體，換句話說，就是下意識的小動作！」

看著喬箐一副疑惑的樣子，老闆拍了拍喬箐的肩膀說：「當初第一次談判的時候，我就仔細觀察對方查看我們方案時的反應。對方老闆看我們的方案時，眼睛變得越來越亮。我就斷定，對方對我們的方案很感興趣。在隨後的交談中，對方老闆雖然每次都在告訴我們，我們競爭對手的品質如何好、價格如何低廉，但是我發現對方每次提到這些問題時，都會不停地開始踮腳，這是一種傳達厭煩的小動作，說明對方其實心中對於競爭對手的情況並不滿意。當由於價格問題一直無法達成共識的時候，我適當地表現出我們要退出的意思，雖然對方表面上沒有表現出害怕，但是卻下意識地去摸頭，這是內心恐懼的小動作，說明對方突然失去了安全感，這點就可以說明對方非常害怕失去我們這單生意。」

每個人在一生中都會一直有意無意地玩著各類肢體語言的遊戲。嬰兒喜歡吮吸大拇指，女人往往雙臂橫抱在胸前，這些常見的動作，作為一個瞭解小動作內涵的人，會十分明確地指出它們的真正含義。嬰兒吮吸大拇指，是在尋求回到母親懷裡的安全感而做出的象徵性動作。女人把雙臂橫抱在胸前是一種防衛姿態，以遮蓋和保護她那容易遭受傷害的胸部。

設想你家對面有個電話亭，你只要仔細觀察一下，就會發現人們在打電話時，會呈現出形形色色的肢體動作。

一個男人，正端端正正地站在電話機前，他全神貫注地聽著，恭恭敬敬地說著。他的服飾一絲不苟，外套扣得整整齊齊。一望而知，他很尊重對方。可能，他正在向他的上級彙報工作，並聽取對方的指示。儘管見不到對方的面，他還是像往日站在上級面前時一樣鄭重其事。

另一個打電話的人，姿態很輕鬆。他低著頭，身體的重心不斷地從這隻腳換到那隻腳，而且將下巴抵在胸前，看上去他似乎是望著地面，邊聽著邊頻頻點著頭，一隻手卻不停地用手指纏繞著電話線玩。看上去這個人很自在，但他對通話的內容顯然感到索然無味，卻又企圖隱藏這種感情。和他通話的人可能是個很熟的人，也許是父母、妻子或者一個老朋友。

第三個人通話時，背對著電話亭的門。他聳起了肩膀，嘴緊貼著話筒小聲地說著。他不願意讓人看到他臉上的表情，似乎要隱瞞什麼秘密。他的左手不時地攏攏頭髮，撓撓耳朵，就像赴約前的整理一樣。他十有八九是在和他的戀人傾訴衷腸。

再看第四個人。他高高地豎起了風衣的領子，脖子簡直要縮到肩膀裡去了。他的腰微微弓著，一隻手緊拉著電話亭的門把手，像要阻止別人闖進來，又像立刻就要衝出電話亭去一樣。他一邊低聲說著話，一邊把目光透過低低的眼瞼向來往行人窺視著，一副心懷鬼胎的樣子。也許他正幹著不可告人的勾當，正在向主子傳遞著情報。

由上可以看出，研究人無意識的小動作是一件很有趣的事。但是，要確切瞭解小動作背後所隱藏的「真相」，我們必須瞭解一些規則。要正確理解對方的肢體語言，必須綜合若干個動作或姿態來分析，光從某一個孤立的動作上是不能做出正確判斷的。

比如，你只看對方眉毛的動作，就不知道他在表達著什麼，只有把眉毛、眼睛、鼻子、嘴和臉部的表情彙聚、綜合起來，才能真正洞察對方。一個個孤立的動作就像是一個個單獨的漢字，望「字」生義是會出偏差的。只有把單字組成詞和句子，才能明白其中的意思。

另外，一個人小動作的表達，和他的心理活動有莫大的關係。哈佛專家提醒：在研究某個人的小動作時，我們必須非常細心地來研究小動作發生的規律；必須瞭解他行動的整體條件，同時也要把行動和他的語言結合起來判斷。雖然有時嘴裡所表達的和小動作所表現出來的會互相矛盾，但其內部的聯繫是不可分割的。

# 第 7 課
## 洞悉人性，
## 活學活用神奇的心理學定律

哈佛大學常說有人的地方就有心理學，因為你只要在這個社會中生存就需要與其他人交流，就需要跟周圍的環境互動。科學心理學的研究能夠幫助我們盡可能地找到隱藏在這些行為背後的真正原因，讓人類更加瞭解自己。

# 因果定律——一分耕耘，一分收穫

因與果，手段與目的，種子與果實，是不可分割的，因為果早就醞釀在因中，目的存在於手段之前，果實則包含在種子中。大自然法則是：從事工作，你將擁有權利，但不工作的人，將沒有權利。

——哈佛箴言

「因果定律」是由著名哲學家蘇格拉底提出的，又稱為因果法則，指無論哪一方面的成功或失敗都不是偶然的，而是有著一定的因果關係的必然，即每件事情的發生都有某個理由，每個結果都有特定的原因。

這個法則非常深奧且極具影響力，以致世人將其稱為人類命運的「鐵律」。哈佛大學的心理學家將其歸納為：種下豌豆就會獲得豌豆，它有什麼樣的基因，就會得到什麼樣的種子。

有的人一生獲得無數次成功，有的人連一次成功的滋味都沒品嘗過。你是否想過為什麼會出現這種截然不同的結果？失敗的人抱怨自己的運氣差，甚至將其推脫給客觀條件或外在因素；成功人士在總結經驗時，經常要提到自己的聰明才智和好運氣，但同時也強調了重要的一點——「一分耕耘，一分收穫。」

曾有人問李嘉誠的成功秘訣，李嘉誠就講了下面這則故事：

在一次演講會上，有人問六十九歲的日本「推銷之神」原一平其推銷的秘訣是什麼，他當場脫掉鞋襪，將提問者請上講臺，說：「請你摸摸我的腳板。」

提問者摸了摸，十分驚訝地說：「您腳底的老繭好厚呀！」

原一平說：「因為我走的路比別人多，跑得比別人勤。」

李嘉誠講完故事後，微笑著說：「我沒有資格讓你來摸我的腳板，但可以告訴你，我腳底的老繭也很厚。」

李嘉誠講的這個故事給我們這樣的啟示：人生中任何一種成功都不是唾手可得的，這是生命運行的必然衍生。只有辛勤耕耘、矢志不渝的人才能得到應有的尊重、地位、名利和成功。

知道這個道理後，相信那些失敗的人在抱怨自己運氣差的同時，一定也會總結一下自己曾經的付出是不是配得上更多的收穫。

任何一種結果的出現都不是偶然的，如果你像那些成功人士一樣，曾做了大量卓有成效的工作，那麼你必定會得到和成功人士同樣的結果，當你環顧生活中的各個方面，你會發現健康、收入、事業、家庭、人際關係……你目光所能及的一切都是過去耕耘的因所帶來的果。

世上的任何事情都遵循著這樣的道理。只要你肯花時間，肯犧牲，肯研究，肯付出，自然會聲譽滿豐。例如，如果想擁有很多的財富，你必須時刻想著賺錢，時刻研究如何賺錢，時刻盡全力為此付出，這樣你的錢包才會鼓起來。如果你想擁有智慧，你就必須播下追求知識、學會知識、追求真理、運用真理的種子，這樣你的腦中才會蓄滿智慧。

所以，你要想得到某樣東西，一定要付出更多的努力，把與該事情相關的每一件事情都做好，這樣你才能從該事情中得到豐厚的回報，付出越多才能收穫越多。

哈佛心理學家很看重因果定律，因為無數成功的哈佛人以最簡單的形式告訴人們，如果生活中你為自己設定了想要得到的結果，你就需要追溯前人，看一看那些得到這個結果的人是怎麼樣做的，並為這個結果不停地努力、付出，如果你能夠做和成功人士同樣多的事情，你獲得的結果也將和他們同樣多，這不是奇蹟，而是一個很自然的規律！

## 奧卡姆剃刀定律——複雜事情都能簡單化

**把繁瑣累贅一刀砍掉，讓事情保持簡單！**

——哈佛箴言

奧卡姆剃刀定律是由十四世紀英格蘭聖方濟各會修士威廉提出來的。威廉出生在英格蘭薩里郡的奧卡姆鎮，他曾在巴黎大學和牛津大學學習，知識淵博，能言善辯，被人稱為「駁不倒的博士」。

威廉曾寫下大量著作，但都影響不大。但他卻提出了這樣的一個原理：如無必要，勿增實體。其含義是：只承認一個個確實存在的東西，凡干擾這一具體存在的空洞的普遍性概念都是無用的累贅和廢話，應當一律取消。這一似乎偏激獨斷的思維方式，後來被人們稱為「奧卡姆剃刀」。

奧卡姆剃刀的出發點就是：大自然不做任何多餘的事。如果你有兩個原理，它們都能解釋觀測到的事實，那麼你應該使用簡單的那個，直到發現更多的證據。對於現象，最簡單的解釋往往比複雜的解釋更正確。如果你有兩個類似的解決方案，選擇最簡單的、需要最少假設的解釋最有可能是正確的。

哈佛心理學家用簡單的一句話總結這個定律：就是把繁瑣累贅一刀砍掉，讓事情保持簡單！他們認為，「奧卡姆剃刀」是最公平的刀，無論科學家還是普通人，誰能有勇氣拿起它，誰就是成功的人。

這把剃刀出鞘以後，一個又一個科學家，如哥白尼、牛頓、愛因斯坦等，都在「削」去理論或客觀事實上的累贅之後，「剃」出了精煉得無法再精煉的科學結論。每一個人都解決過複雜的問題，但都是首先使用奧卡姆剃刀將複雜的物件剃成簡單的物件，然後再著手解決問題。

通用電氣公司的傑克・韋爾奇就深得威廉的真傳。

通用電氣是一家多元化公司，擁有眾多的事業部和成千上萬的員工，如何有效地管理這些員工，使他們達到盡可能高的生產率，是傑克・韋爾奇一直苦苦思索的問題。他認為，過多的管理促成了懈怠、拖拉的官僚習氣，會把一家好端端的公司毀掉。最後他總結出一個在他看來是最正確而且也必將行之有效的結論：管理越少，公司情況越好。

從接手主持通用電氣的那一刻起，韋爾奇就認為這是一個官僚作風很嚴重的地方。控制和監督在管理工作中的比例太高了。他決定讓主管們改變他們的管理風格。

韋爾奇想要從自己的字典裡淘汰掉「經理」一詞，原因在於它意味著「控制而不是幫助，複雜化而不是簡單化，其行為更像統治者而不是加速器」。「一些經理們，」韋爾奇說，「把經營決策搞得毫無意義地複雜與瑣碎。他們將管理等同於高深複雜，認為聽起來比任何人都聰明就是管理。他們不懂得去激勵人。我不喜歡『管理』所帶有的特徵——控制、抑制員工，使他們處於黑暗中，將他們的時間浪費在瑣事和彙報上。緊盯住他們。你無法使員工產生自信。」

相反，韋爾奇非常鍾愛「領導者」這個詞。在他看來，領導應是那些可以清楚地告訴人們如何做得更好，並且能夠描繪出遠景構想來激發人們努力的那種人。管理者們互相交談，互相留言。而領導者跟他們的員工談話，與他們的員工交談，使員工們腦海中充滿美好的景象，使他們在自己都認為不可能的地位層次上行事，然後領導者們只要讓開道路就行了。

正是在這些想法的指導下，韋爾奇向通用電氣公司的官僚習氣宣戰了：簡化管理部門，加強上下級溝通，變管理為激勵、引導；要求公司所有的關鍵決策者瞭解所有同樣關鍵的實際情況……在韋爾奇神奇剃刀的剪裁下，通用保持了連續二十年的輝煌戰績。

經過數百年的歲月，奧卡姆剃刀已被歷史磨得越來越利，它早已超越了原來狹窄的領域，具有了更廣泛、豐富和深刻的意義。哈佛成功者提醒，別以為「奧卡姆剃刀」只放在天才的身邊，其實它無處不在，只是等待人們把它拿起。

## 特里法則——承認錯誤不是丟人的事情

**一個人最大的幸福就是缺點得到糾正和錯誤得到補救。**

——哈佛箴言

特里法則的提出者是美國田納西銀行前總經理特里，他認為：正視錯誤，你會得到錯誤以外的東西。

人不是神，都有自己的缺點，誰都難免會犯一些錯誤。當我們犯錯誤的時候，腦子裡往往會出現想隱瞞自己錯誤的想法，害怕承認之後會很沒面子。

哈佛心理學家說，承認錯誤並不是什麼丟臉的事。反之，在某種意義上，它還是一種具有「英雄色彩」的行為。因為承認錯誤越及時，事情就越容易得到改正和補救。而且，由自己主動認錯也比別人提出批評後再認錯更能得到別人的諒解。更何況一次錯誤並不會毀掉你今後的道路，真正會阻礙的，是那不願承擔責任、不願改正錯誤的態度。

新墨西哥州阿布庫克市的布魯士・哈威，錯誤地核准付給一位請病假的員工全薪。在他發現這項錯誤之後，就告訴這位員工並且解釋說必須糾正這項錯誤，他要在下次薪水支票中減去多付的薪水金額。

這位員工說這樣做會給他帶來嚴重的財務問題，因此請求分期扣回多領的薪水。但這樣哈威必須先獲得他上級的核准。

哈威說：「我知道這樣做，一定會使老闆大為不滿。在我考慮如何以更好的方式來處理這種狀況的時候，我瞭解到這一切的混亂都是我的錯誤，我必須在老闆面前承認。」

於是，哈威找到老闆，說了詳情並承認了錯誤。

老闆聽後大發脾氣，先是指責人事部門和會計部門的疏忽，後又責怪辦公室的另外兩個同事，這期間，哈威則反覆解釋說這是他的錯誤，不干別人的事。

最後老闆看著他說：「好吧，這是你的錯誤。現在把這個問題解決吧。」這項錯誤改正過來，沒有給任何人帶來麻煩。自那以後，老闆就更加看重哈威了。

一個人有勇氣承認自己的錯誤也可以獲得某種程度上的滿足感。這不僅可以清除罪惡感和自我衛護的氣氛，而且有助於解決這項錯誤所製造的問題。而勇於承認錯誤和失敗也是企業生存的法則。

市場不是兩軍對壘的戰場，企業不是軍隊。承認失敗，企業可以避免更大的市場損失，可以重新調整自己的市場策略，也就可以重新取得市場機會。看看世界上那些百年企業的發展歷史，它們沒有一個沒有經歷過失敗，重要的是他們都能夠從失敗中重新站起來。

在行業圈子裡，流傳著寶潔公司的這樣一個規定：如果員工三個月沒有犯錯誤，就會被視為不合格員工。對此，寶潔公司全球董事長白波先生的解釋是：那說明他什麼也沒幹。

美國管理學家彼得·德魯克認為，無論是誰，做什麼工作，都是在嘗試錯誤中學會的，經歷的錯誤越多，人越能進步，這是因為他能從中學到許多經驗。

德魯克甚至認為，沒有犯過錯誤的人，絕不能將他升為主管。

日本企業家本田先生也說：「很多人都夢想成功。可是我認為，只有經過反覆失敗和反思，才會達到成功。實際上，成功只代表你努力的百分之一，它只能是另外百分之九十九被稱為失敗的東西的結晶。」

並不是失敗了，它們就不會成功。正是因為勇於承認失敗和錯誤，它們才能歷經百年而不倒。達爾文曾經說過：「任何改正都是進步。」

敢於承認錯誤，汲取教訓，我們就能以嶄新的面貌去迎接更加激烈的競爭和挑戰！

## 二五〇定律——認真對待身邊的每一個人

朋友再多也嫌少，敵人再少也嫌多。

——哈佛箴言

美國著名推銷員喬・吉拉德在商戰中總結出了二五〇定律。

他認為，每一位顧客身後大概有二五〇名親朋好友。如果你贏得了一位顧客的好感，就意味著贏得了二五〇個人的好感；反之，如果你得罪了一名顧客，也就意味著得罪了二五〇名顧客。因為在每位顧客的背後，都大約站著二五〇個人，這是與他關係比較親近的人：同事、鄰居、親戚、朋友。

如果一個推銷員在年初的一個星期裡見到五十個人，其中只要有兩個顧客對他的態度感到不愉快，到了年底，由於連鎖影響就可能有五百個人不願意和這個推銷員打交道。

由此，喬・吉拉德得出結論：在任何情況下，都儘量不要得罪任何一個顧客。哈佛心理學家解釋說，這個心理學定律告訴我們，我們必須認真對待身邊的每一個人，因為每一個人的身後都有一個相對穩定的、數量不小的群體。善待一個人，就像撥亮一盞燈，能照亮一大片。

在喬・吉拉德的推銷生涯中，他每天都將二五〇定律牢記在心，抱定生意至上的態度，時刻控制著自己的情緒，不因顧客的刁難，或是不喜歡對方，或是自己心情不佳等原因而怠慢顧客。喬・吉拉德說：你趕走一個顧客，就等於趕走了潛在的二五〇個顧客。

**每個人的背後都有一個小群體，贏得了這一個人，就間接贏得了他背後的小團體。**其實，二五〇定律並不只是揭示了一個商業原理，更揭示了深刻的人生哲理。多一個朋友，就等於多了一群朋友。

當失意沮喪落魄的時候，就有一群朋友來安慰你開導你幫助你，給你不止一個人的溫暖，當初你點燃的一盞小小的友誼的燈，已經成為一盞明燈照出一大片明亮的燈光，照耀在你的人生之路上；而假如你多了一個敵人，就等於多了不只一分前進的障礙，他會在你人生得意的時候使陰招、下絆子，在你人生失意的時候嘲笑你、打擊你，甚至對你落井下石。

也許當初你只是不經意間得罪了一個人，你不小心滴在白襯衫上的一個小小的墨點，會經過人群效應的發散成為厚厚的烏雲，籠罩在你人生的屋頂。

從另一個方面引申開去，我們要注重跟每一個人交往時的自我表現，不只是在於每一個人背後的那個小群體，更在於每個人對身邊相關人士的潛在影響力。也許今天你在一塊貧瘠的土地上插上一棵柳枝，明年就能收穫一片蔭涼。生命中的任何人都可能是你的貴人。

世事變化無常，多為別人提供無私的服務和說明，總能獲得回報的。即使不是為了得到物質上的回報，做人也應該與人為善，起碼可以得到心靈上的滿足和精神上的寬慰，古人教導我們「勿以善小而不為」和今天所提倡的助人為樂，講的就是這個道理。

# 霍桑效應——適當發洩對身心有益

積貯的煩悶憂鬱就像一種勢能，若不釋放出來，就會像定時炸彈一樣，埋伏在心間，一旦觸發就會釀成大禍。

——哈佛箴言

霍桑效應來源於美國哈佛大學心理學系組織的一次有價值的實驗。

芝加哥郊外有一家製造電話交換機的工廠。在這個工廠中，各種生活和娛樂設施都很完全，社會保險、養老金等其他方面做得也相當不錯。但是讓廠長感到困惑的是，工人們的生產積極性卻並不高，產品銷售也是成績平平。

為了找出原因，他向哈佛大學心理學系發出了求助申請。

哈佛大學心理學系在梅約教授的帶領下，派出一個專家組對這件事展開了調查研究。經調查發現，廠家原來假定的對工廠生產效率會起極大作用的照明條件、休息時間以及薪水的高低與工作效率的相關性很低，而工廠內自由寬容的群體氣氛、工人的工作情緒、責任感與工作效率的相關程度卻較大。

在他們進行的這一系列試驗研究中，有一個「談話試驗」。

具體做法就是專家們找工人分別談話，而且規定在談話過程中，專家要耐心傾聽工人們對廠方的各種意見和不滿，並做詳細記錄。與此同時，專家對工人的不滿意見不准反駁和訓斥。

這一實驗研究的週期是兩年。在這兩年多的時間裡，研究人員前前後後與工人談話的總數達到了兩萬餘人次。

結果他們發現：這兩年以來，工廠的產量大幅度提高了。

經過研究，他們給出了原因：工人長期以來對工廠的各個方面有諸多不滿，但無處發洩。「談話試驗」使他們的這些不滿都發洩出來了，從而感到心情舒暢，所以工作幹勁高漲。這就是牢騷效應。

由於這家工廠的名字叫霍桑，人們又將這種現象稱為「霍桑效應」。

哈佛心理學家告訴我們：人有各種各樣的願望，但真正能達成的卻為數不多。對那些未能實現的意願和未能滿足的情緒，千萬不要壓制，而是要讓它們發洩出來，這對人的身心發展和工作效率的提高都非常有利。

在日本，很多企業都非常注重為員工提供發洩自己情緒的管道。松下公司就是如此。

在松下，所有分廠裡都設有吸煙室，裡面擺放著一個極像松下幸之助本人的人體模型，工人可以在這裡用竹竿隨意抽打「他」，以發洩自己心中的不滿。

等他打夠了，停手了，喇叭裡會自動響起松下幸之助的聲音，松下說：「廠主自己還得努力工作，要使每個職工感覺到：我們的廠主工作真辛苦，我們理應幫助他！」正是這種方式使松下的員工自始至終都能保持高度的工作熱情。

如果人們內心的苦悶和煩惱長期鬱積在心頭，就會成為沉重的精神負擔，這種壓力是會損害身心健康的。若及時加以發洩或傾訴，便可少生病，保健康。所謂將壓抑「說」出體外，指的就是傾訴，就是將自己的喜怒哀樂，尤其是怒和哀，毫無保留地傾吐出來。這是一種感情的排遣，也是一種心理調節術。

現代醫學研究也發現，癌症、高血壓、心血管等疾病的誘發病因很大程度就是人的抑鬱、焦慮等不良情緒在人體內長期積壓。也就是說，當一個人被心理負擔壓得透不過氣來的時候，就容易患上各種疾病。

反之，如果有人真誠而又耐心地來聽他的傾訴，他就會有一種如釋重負、一吐為快的感覺。因為這種心理上的應激反應，可以使內心的感情和外界刺激取得平衡，這就是現代心理學中所說的「心理嘔吐」。

哈佛心理專家指出，傾訴是緩解壓抑情緒、釋放壓力非常有效的手段，還是防治各種疾病，尤其是防治心血管病和腫瘤的良藥。善於傾訴的人，心理往往更健康。

# 巴納姆效應——最難的是認識你自己

不論如何，你都得自己創造自己的小花園；不論好壞，你都得在生命交響樂中，演奏你自己的樂器。

——哈佛箴言

在我們日常的生活和工作中，由於長期以來所受的教導和固有的觀念，遇見各種情況總是以別人為參照物，然後信誓旦旦下定決心，下次我一定做得和別人一樣。但是，問題隨之而來，當我們做得和別人一樣時，是不是就代表是最好的呢？是不是就適合自己呢？

在日常生活中，我們既不可能每時每刻去反省自己，也不可能總把自己放在局外人的角度來觀察自己，於是只能借助外界資訊來認識自己。正因為如此，每個人在認識自我時很容易受外界資訊的暗示，迷失在環境當中，受到周圍資訊的暗示，並把他人的言行作為自己行動的參照。

「巴納姆效應」指的就是這樣一種心理傾向，即人很容易受到來自外界資訊的暗示，從而出現自我認知的偏差，認為一種籠統的、一般性的人格描述十分準確地揭示了自己的特點。

這個效應是以一位廣受歡迎的著名魔術師巴納姆來命名的，他曾經在評價自己的表演時說：他的節目之所以受歡迎，是因為節目中包含了每個人都喜歡的成分，所以每一分鐘都有人上當受騙。

這項研究告訴我們，每個人都很容易相信一個籠統的、一般性的人格描述特別適合自己。即使這種描述十分空洞，他仍然認為反映了自己的人格面貌。曾經有心理學家用一段籠統的、幾乎適用於任何人的話讓大學生判斷是否適合自己，結果，絕大多數大學生認為這段話將自己刻畫得細緻入微、準確至極。

在這個世界上，每個人都是獨一無二的。因此，我們有理由保持自己的本色。我們不該再浪費任何一秒鐘，去憂慮我們與其他人不同這一點。應該儘量利用大自然所賦予你的一切。

哈佛的教授說過，不論如何，你都得自己創造自己的小花園；不論好壞，你都得在生命交響樂中，演奏你自己的樂器。

伊笛絲・阿雷德太太從小就特別敏感而且靦腆，她的身體一直比較胖，而她的一張臉使她看起來比實際還胖得多。伊笛絲有一個很古板的母親，她認為把衣服弄得漂亮是一件很愚蠢的事情。她總是對伊笛絲說：「寬衣好穿，窄衣易破。」而母親總照這句話來幫伊笛絲穿衣服。所以，伊笛絲從來不和其他的孩子一起做室外活動，甚至不上體育課。她非常害羞，覺得自己和其他的人都「不一樣」，完全不討人喜歡。

長大之後，伊笛絲嫁給了一個比她大好幾歲的男人，可是她並沒有改變。她丈夫一家人都很好，也充滿了自信。伊笛絲盡最大的努力要像他們一樣，可是她做不到。他們為了使伊笛絲能開朗地做每一件事情，都儘量不糾正她的自卑心理，這樣反而使她更加退縮。伊笛絲變得緊張不安，躲開了所有的朋友，情形壞到她甚至怕聽到門鈴響。伊笛絲知道自己是一個失敗者，但又怕她的丈夫會發現這一點。所以每次他們出現在公共場合的時候，她都假裝很開心，結果常常又做得太過分。事後伊笛絲會為此難過好幾天。最後不開心到使她覺得再活下去也沒有什麼意思了，伊笛絲開始想自殺。

後來，一句隨口說出的話，改變了伊笛絲的整個生活。有一天，她的婆婆正在談她怎麼教養她的幾個孩子，她說：「不管事情怎麼樣，我總會要求他們保持本色。」

「保持本色！」就是這句話！在那一剎那間，伊笛絲才發現自己之所以那麼苦惱，就是因為她一直試著讓自己迎合一個並不適合自己的模式。

伊笛絲後來回憶道：「在一夜之間我整個改變了。」

「我開始保持本色。我試著研究我自己的個性、自己的優點，盡我所能去學色彩和服飾知識，儘量以適合我的方式去穿衣服。主動地去交朋友。我參加了一個社團組織——起先是一個很小的社團——他們讓我參加活動，這把我嚇壞了。可是我每一次發言，都能增加一點勇氣。今天我所有的快樂，是我以前從來沒有想到可能得到的。在教育我自己的孩子時，我也總是把我從痛苦的經驗中所學到的結果教給他們：『不管事情怎麼樣，總要保持本色。』」

一名教授在給哈佛畢業生上的最後一課上，講了這樣一個故事：

斯迪克畢業要找工作了，他的叔叔給他講了一個故事。

有一個小男孩住在費城，他家裡很窮，於是他走進一家銀行，問道：「勞駕，先生，您需要幫手嗎？」

一位儀表堂堂的人回答說：「不，孩子，我不需要。」

男孩滿腹愁腸，大顆大顆的淚珠滾到腮邊。他一聲不吭，沿著銀行的大理石臺階跳下來。那個銀行家用很優雅的姿勢彎腰躲到了門後，因為他覺得那個孩子想用石頭擲他。可是，孩子拾起一件什麼東西，把它揣進破爛的夾克裡去了。

「過來，小孩兒。」孩子真的過去了。

銀行家問道：「瞧，你撿到什麼啦？」

男孩回答：「一個別針。」

銀行家說：「你是個乖孩子嗎？」他回答說：「是的。」

銀行家又問：「你相信主嗎？——我是說，你上不上主日學校？」

他回答說：「上的。」

接著，銀行家取來一支純金鋼筆，用純淨的墨水在紙上寫了個「St. Peter」的字眼，問小孩是什麼意思。

孩子說：「鹹彼得（小男孩把英文Saint的縮寫St，誤認為是salt，即鹹的意思）。」

銀行家告訴他這個字是「聖彼得。」

孩子說了聲：「噢！」

隨後，銀行家讓小男孩做他的合夥人，把投資的一半利潤分給了他，後來這個小男孩娶了銀行家的女兒。現在呢，銀行家的一切全是他的了，全歸他自己了。

斯迪克覺得這個故事對他很有啟發。於是，他花了六個星期在一家銀行的門口找別針。他盼著哪個銀行家會把自己叫進去，問：「小孩子，你是個乖孩子嗎？」

他就會回答：「是呀。」

銀行家要是問：「『St. John』是什麼意思？」

他就說：「是『鹹約翰』。」

可是，隨後斯迪克發現銀行家並不急於找合夥人，而且他想他恐怕沒有女兒有個兒子。

終於有一天一位銀行家問斯迪克說：「小孩子，你撿什麼呀？」

斯迪克非常謙恭有禮地說：「別針呀。」

銀行家說：「咱們來瞧瞧。」他接過了別針。

斯迪克摘下帽子，已經準備跟著他走進銀行，變成他的合夥人，再娶他的女兒為妻子。

但是，他並沒有受到邀請。銀行家說：「這些別針是銀行的，要是再讓我看見你在這兒蹓躂，我就放狗咬你！」

後來斯迪克走開了，那別針也被那吝嗇的傢伙沒收了。他把自己的經歷告訴他叔叔。

他叔叔笑了，接著，又給他講了一個故事。

有個人養了一頭驢和一隻哈巴狗。驢子關在欄子裡，雖然不愁溫飽，卻每天都要到磨坊拉磨，到樹林去馱木材，工作挺繁重，而哈巴狗會演許多小把戲，頗得主人歡心，每次都能得到好吃的作獎勵。驢子在工作之餘難免有怨言，總抱怨命運對自己不公平。

這一天機會終於來了，驢子扭斷轠繩，跑進主人的房間，學哈巴狗那樣圍著主人跳舞，又蹬又踢，撞翻了桌子，碗碟摔得粉碎。驢子還覺得這樣不夠，牠居然趴到主人身上去舔他的臉，把主人嚇壞了，直喊救命。

大家聽到喊叫急忙趕到，驢子正等著獎賞，沒想到反挨了一頓痛打，被重新關進欄子。

「無論驢子多麼扭捏作態，都不及小狗可愛，甚至還不如從前的自己，畢竟這不是牠所能幹的行當。正如你喜歡看電影，卻未必能當上演員；你愛踢足球，可是卻參加不了聯賽。」

教授說：「學習哈佛精神，最重要的就是首先要認識到，無論如何，你就是你，你是獨一無二的，不管是文科生還是理科生，你都必須保持自己的特色，每個人都有各自的特點，都有適合自己的工作，也有不適合自己的工作，看人家做得好，但自己未必能行，還不如專心致志幹好自己的本行，讓別人來羨慕你呢！記住，你永遠是獨一無二的。」

人要避免巴納姆效應，客觀真實地認識自己，有以下幾種途徑：

## 第一，要學會面對自己

有這樣一個測驗人的情商題目是：當一個落水昏迷的女人被救起後，她醒來發現自己一絲不掛時，第一個反應會是捂住什麼呢？答案是尖叫一聲，然後用雙手捂著自己的眼睛。

從心理學上來說，這是一個典型的不願面對自己的例子，因為自己有「缺陷」或者自己認為是缺陷，就通過自欺的方法把它掩蓋起來；這種掩蓋實際上像上面的落水女人一樣，是不敢正視自己。所以，要認識自己，首先必須要面對自己。

## 第二，培養收集資訊的能力和敏銳的判斷力

很少有人天生就擁有明智和審慎的判斷力，實際上，判斷力是一種在收集資訊的基礎上進行決策的能力，資訊對於判斷的支援作用不容忽視，沒有相當的資訊收集，很難做出明智的決斷。

有一個故事說，一個替人割草的孩子打電話給一位陳太太：「您需不需要割草？」

陳太太回答說：「不需要了，我已經有了割草工。」

這個孩子又說：「我會幫您拔掉花叢中的雜草。」

陳太太回答：「我的割草工也做了。」

這孩子又說：「我會幫您把草與走道的四周割齊。」

陳太太說：「我請的那人也已經做了。謝謝你，我不需要新的割草工人。」孩子便掛了電話。

孩子的哥哥在一旁問他：「你不是就在陳太太那兒割草打工嗎？為什麼還要打這個電話？」

孩子帶著得意的笑容說：「我只是想知道我做得有多好！」

這個孩子可以說十分擅長收集關於自己的資訊，因此可以預見他的未來成長以及可能取得的成就，絕非一般小孩子能比的。

**第三，以人為鏡，通過與自己身邊的人在各方面進行比較來認識自己**

在比較的時候，對象的選擇至關重要。找不如自己的人作比較，或者拿自己的缺陷與別人的優點比，都有失偏頗。因此，要根據自己的實際情況，選擇條件相當的人作比較，找出自己在群體中的合適位置，這樣認識自己，才比較客觀。

**第四，通過重大事件，特別是重大的成功和失敗認識自己**

重大事件中獲得的經驗和教訓可以提供瞭解自己的個性、能力的資訊，從中發現自己的長處和不足。

越是在成功的巔峰和失敗的低谷，就越能反映一個人的真實性格。無論是成功還是失敗時，人都應堅持辯證的觀點，不忽視長處和優點，也要認清短處與不足。

## 期待效應——清晰的期望勝過一切暗示

激勵力量＝效價×期望值。

——哈佛箴言

一些人總是愛說「我期望最壞的事發生」或者「最壞的事還沒有發生」，這些人是在故意引導最壞的事情的到來。而另一些人則常說：「我期望事情變好一點。」他們就是在引導好的境遇進入他們的生活。

一九六八年，加州大學的羅森塔爾教授曾在加利福尼亞州一所學校做過一個關於期待效應的實驗。

一九六八年羅森塔爾等人從小學一到六年級各隨機抽取三個班作為

實驗組，對學生進行智力測驗。根據測驗結果來估計各班在這個學期裡有哪些學生將有顯著的進步，並從每班抽取百分之二十成績好的學生，將名單通報給任課教師。八個月後再進行測驗，結果，估計將有顯著進步的實驗組學生與控制組學生相比，智商確實有所提高，一二年級學生更為明顯；在品格方面也有類似的結果。這意味著教師對那些被寄期望的學生的態度可能與對別人的態度不同，致使自己的期待微妙地影響了學生。

為什麼會出現這樣的現象？哈佛心理學家指出，這種用直接或者間接的話語、行為，期待將美好的願望變成現實的心理，在心理學上被稱為「期待效應」。實驗中，實驗人員對校長的期待、校長對老師的期待，左右了教師對名單上學生能力的評價。而教師又通過這一心理活動，把這種積極的感情、語言、行為傳遞給學生，從而使學生因這種期望，萌生出自尊、自愛、自強、自信的力量，而成為優秀的學生。

哈佛心理學家說：心理學上的這種效應告訴人們，在人際交往以及為人處世中，要想有效地影響對方為自己辦事情，就要對對方寄予某種期望，並且要將這種期望通過言語表達出來，讓對方知道你有這方面的期望，這利於對方產生相應於這種期望的特性。無論是愛、稱讚、感謝、期盼，還是其他，都應該說出來讓對方知道。如果你認為只放在心裡就行了，那就大錯特錯了。

在此，不妨看看卡內基小時候的事情。

卡內基很小的時候，他的親生母親就去世了。九歲那年，他的父親給他找了一個繼母。繼母進門的第一天，父親便指著卡內基對繼母說：「他，你可要小心了，他是鄰居們公認的壞孩子，也許以後最令你頭疼的事情，便是他惹出來的。」

本來卡內基對繼母就有想法，所以產生了抵抗情緒，但繼母的舉動卻讓他感到意外。她走到卡內基面前，用手輕輕地撫摸著卡內基的頭部，然後笑著責怪他的父親說：「你怎麼能這麼說呢？你看他現在多乖，應該是最聰明聽話的孩子才對。」

繼母的話讓卡內基感動萬分，就連他母親在世的時候也沒有這樣稱讚過他。正因為這句話，在以後的日子中，他和繼母相處得很好。

著名的心理學家傑絲•雷爾說：「稱讚對溫暖人類的靈魂而言，就像陽光一樣，沒有它，我們就無法成長開花。但是我們大多數人，只是急於躲避別人的冷言冷語，而自己卻吝於把贊許的溫暖陽光給予別人。」生活需要像稱讚一樣直接明瞭地期望，因為這種期望更易於被人理解，也更易於讓人接受。當人們完全地理解並接受了這樣的稱讚後，它就能轉化成無窮無盡的力量，也能夠促使人們向著這個方向發展。

俗話說：「善意需要適當的行動表達。」事實就是這樣，不只生活需要這樣的期望，人更需要這種期望。因為當你試圖影響對方做某件事情的時候，只有讓對方完完全全地明白你的意思，並懂得你的期望，他才能更好地向著你期望的方向發展，也才能讓你更好地影響對方。

二十世紀初，有個愛爾蘭家庭要移民美洲。他們非常貧窮，於是辛苦工作，省吃儉用三年多，終於存錢買了去美洲的船票。當他們被帶到甲板下睡覺的地方時，全家人以為整個旅程中他們都得待在甲板下，而他們也確實是這麼做的，僅吃著自己帶上船的少量的餅乾充饑。

過了一天又一天，他們以充滿嫉妒的眼神看著頭等艙的旅客在甲板上吃著奢華的大餐。最後，當船快要停靠愛麗絲島的時候，這家其中一個小孩生病了，做父親的去找服務人員並且說：「先生，求求你，能不能賞我一些剩菜剩飯，好給我的小孩吃？」

服務人員回答說：「為什麼這麼問？這些餐點你們也可以吃啊。」

「是嗎？」這人回答說，「你的意思是說，整個航程中我們都可以吃得很好？」

「當然！」服務人員以驚訝的口吻說：「在整個航程裡，這些餐點也供應給你和你的家人，你的船票只是決定你睡覺的地方，並沒有決定你的用餐地點。」

哈佛的「期望理論」裡有一個公式，即：激勵力量等於效價期望值。這一理論的基本觀點是：人們有了某種需要，就會產生一定動機，進而引起行為去實現目標。當目標還沒有實現的時候，這種需要就會變成一種期望，而期望本身就是一種強大的力量。

多年前，有一位叫亨利的美國青年，他從小在孤兒院長大，身材矮小，長相也不好，講話又帶著濃重的鄉土口音，所以一直很自卑，連最普通的工作都不敢去應聘。三十歲生日的那一天，亨利站在河邊徘徊，幾乎沒有活下去的勇氣。

這時，他的一位好友跑過來告訴他：「一份雜誌裡講，拿破崙有一個私生子流落到美國，這個私生子有一個兒子，他的全部特點跟你一樣：個子很矮，講的也是一口帶法國口音的英語。」

亨利半信半疑，但當他拿起那本雜誌琢磨半天後，開始相信自己就是拿破崙的孫子。此後，亨利不再為貧窮、矮小、鄉土口音等特徵自卑，而是憑著「我是拿破崙孫子」的信念積極地面對生活。

三年後，他成了一家大公司的董事長。後經查證，亨利並非拿破崙的孫子，但這已不重要了。在「我是拿破崙孫子」這個積極的暗示中，他改變了自己的人生。

正如大文豪高爾基所說：「一個人追求的目標越高，他的才力就發展得越快。」在自己的心目當中，你認為自己是什麼，最終你就會成為什麼。

# 第 8 課

## 應變力——
## 社交的品味和境界

哈佛大學認為，應變能力既是一種態度也是一種作為，
學會變通是社交的一種品味也是一種境界。

# 放低姿態，把事辦成

學會在適當的時候保持適當的低姿態，這絕不是懦弱的表現，而是一種智慧。

——哈佛箴言

「萬事不求人」只能顯示你內心的脆弱，你求人幫助時表現低姿態只是向對方說明在這件事情上，你的實力不如對方，你需要對方的幫助，與你的尊嚴無關。

自古以來，凡成功者都懂得放低姿態。

如美國著名企業家艾科卡。

二十世紀八〇年代，艾科卡由於遭人嫉妒和猜忌被老闆免去了福特汽車公司總經理的職務。面對打擊，他沒有消沉，而是立志重新開創一片天地。為此，他拒絕了數家優秀企業的招聘，而接受當時瀕臨破產的克萊斯勒公司的邀請，擔任總裁。

到任後，他首先實施以品質、生產力、市場佔有率和營運利潤等因素來決定紅利政策。他規定，主管人員如果沒有達到預期的目標就扣除百分之二十五的紅利；他還規定在公司尚未走出困境之前，最高管理階層各級人員減薪百分之十。

這一措施推出後，有人反對有人贊成。反對的人是公司的元老，他們認為這樣做損害了他們的利益。艾科卡冷靜地對待這一切，並且自己只拿一美元的象徵性年薪，讓反對他的人無話可說。

為了爭取政府的貸款，艾科卡四處遊說，找人求人，接受國會各小組委員的質詢。有一次，由於過度勞累，他眩暈症發作，差點暈倒在國會大廈的走廊上。為了取得求人、辦事的成功，艾科卡把這一切都忍了下來。結果，他領導著克萊斯勒公司走出困境，到一九八五年第一季，克萊斯勒公司獲得的淨利高達五億美元。艾科卡也從此成為美國的傳奇人物。艾科卡能取得巨大的成功，其秘訣就是「打死心頭火」。

求人時最忌諱的就是為了面子問題而發怒。發怒的結果非但不能解決問題，反而得罪了能幫助你的人。求人遭遇刁難時，不妨先按耐住自傲的火氣，拿出你的熱忱，讓別人看見你真正的需要，讓他瞭解你的目的。張三拒絕你，不妨找李四，李四拒絕你，再找王五，總會找到肯幫助你的人。千萬別為了一時的面子而忘了求人真正的目的是「解決問題」！

當然，我們提倡的放下面子，並不是讓你彎腰駝背、低三下四，只是讓你放下「不必要」的面子，大膽地跨出去。

有一位博士在找工作時被許多家公司拒之門外，萬般無奈之下，博士決定換一種方法試試。他收起所有的學位證明，以一種最低的身分再去求職。

不久，他被一家電腦公司錄用，做一名最基層的程式錄入員。沒過多久，上司就發現他才華出眾，竟然能指出程式中的錯誤，這絕非一般錄入員所能比的。這時，博士亮出了自己的學士證書，於是老闆給他調換了一個與本科畢業生對口的工作。

過了一段時間，老闆發現他在新的崗位上也遊刃有餘，能提出不少有價值的建議，這比一般大學生高明，這時博士亮出自己的碩士身分，於是老闆又提升了他。

有了前兩次的事情，老闆也比較注意觀察他，發現他比碩士畢業生的水準還要高，就再次找他談話。這時博士拿出自己的博士學位證明，並說明了自己這樣做的原因，老闆恍然大悟，毫不猶豫地重用了他。

在社會對人低頭，有時是你的生活方式和工作方式中的一種。它與你的道德和氣節毫無關係。當你遇到一個很矮的門的時候，你昂首挺胸地過去，肯定要給腦袋碰出一個包來，明智的做法只能是彎一下腰，低一下頭，讓很矮的門顯得比你高就成了。

你需要找工作，需要調動工作，需要開拓更廣泛的人際關係。在這所有的活動之中，你可能都處於一種求人的地位，處於一種必須表現低姿態的狀態之中。

在這種情況下，必須首先學會低姿態。許多人放低姿態後就老想著別人可能會很傲慢地對待你，會輕視你，會對你視而不見，甚至會侮辱你，把你趕出門去……這樣你就退縮了，就喪失了勇氣。正因為如此，你可能就打出了「萬事不求人」的招牌，寧可忍受不辦事的後果，忍受不辦事的麻煩，把事情擱置起來，也不去求助於人。這說明你是脆弱的；你怎樣看待你自己是一回事，別人怎樣看待你是另一回事。你應該把別人怎樣看待你和你自身的價值分開。

當你求助於人的時候，你內心的精神支柱應是你內在的尊嚴，而內在的尊嚴是完全擺脫他人對你的看法和評價而獨立存在的。內在的尊嚴是你對你自己生命價值的肯定，它和別人的看法無關。

你去求助於別人，並不說明別人比你更有價值，或說明別人比你更有尊嚴。它只說明：在你要辦的這件事上，別人由於種種原因比你有更多的主動權。因為主動權操之於人，所以你要表現低姿態，你表現低姿態只是向對方說明在這件事情上，你的實力不如對方，你需要對方的說明，並不說明你的人格低賤。

你有你自己的優勢，而在你實力不足的領域之中，你就需要求別人辦事以解決自己的問題。

如果你想把事情做成，就得以一種低姿態出現在對方面前，表現得謙虛、平和、樸實、憨厚，甚至愚笨、畢恭畢敬，使對方感到自己受人尊重，比別人聰明，那麼在談事時他就會放鬆警惕。當事情明顯有利於你的時候，對方也會不自覺地以一種高姿態來對待你。

其實，你以低姿態出現只是一種表像，是為了讓對方從心理上感到一種滿足，使他願意合作。實際上越是表面謙虛的人，就越是非常聰明且工作認真。當你表現出大智若愚來，使對方陶醉在自我感覺良好的氣氛中時，你就會受益匪淺，並感覺到已經完成了工作中很重要的那一環了。

你謙虛時顯得他高大；你樸實和氣，他就願意與你相處，認為你親切、可靠；你恭敬順從，他的指揮欲得到滿足，認為與你很合得來；你愚笨，他就願意幫助你，這種心理狀態對你非常有利。相反，你若以高姿態出現，處處高於對方，咄咄逼人，對方心裡會感到緊張，做事就沒譜了，而且會產生一種逆反心理。因此，為了把事情辦成，不妨常以低姿態出現在別人面前。

哈佛大學提醒我們，學會在適當的時候保持適當的低姿態，這絕不是懦弱的表現，而是一種智慧。

## 向很多人求助，不如向某一個人求助

有時候向很多人求助，不如向某一個人求助，並強化他的責任。

——哈佛箴言

雖然說，「助人為快樂之本」，但並不是每個人在每種情況下，都願意幫助別人，特別是當人們覺得自己「沒有責任和義務」去幫助他人的時候，就很難主動去幫助他人。而什麼情況下會導致人們認為自己「沒有責任和義務」呢？那就是人多的情況下。

有一個大家耳熟能詳的諺語叫作「一個和尚有水吃，兩個和尚抬水吃，三個和尚沒水吃」。就是這個情況的典型反映。你以為人多力量大，其實，有時候人多力量反而小，一加一小於二的情況經常有，因為人們身上普遍都有惰性和依賴性，在大家一起工作的時候，這種現象就更加突出。比如，我們經常在找他人辦事的時候，遭遇被多個人「踢皮球」的情況。對方你推我，我推他，結果沒有一個人願意為你解決問題。

售前部的小羅接到B地客戶打來的電話，客戶下了最後通牒，專案建議書若週五前還不能提交，則後果自負。小羅於是開始走售前支援流程，請相關部門協助。

首先小羅按售前支援照流程找到方案準備部，請他們寫。但該部張經理馬上抱怨說另一個大專案下周就要投標了，老總還親自過問了這事，這幾天全部門的人還搭上技術部加班加點地幹，哪有空寫。

小羅只好直接找技術部。畢竟專案的最終實施由技術部負責，而且現在技術部正做著同類項目在A地區的開發。但技術部經理說B客戶合同還沒簽呢，應該是方案準備部的事，況且技術部現在也沒空寫。

見小羅一臉無奈的樣子，經理指給他一條路，原先在專案組的小林現在有空，看看他是否願意幫忙。

小羅心裡一喜，趕緊去找。聽明來意後，小林說，雖然我現在有空，但也幫不了你，因為寫這份建議書涉及B地的許多資料，他一直沒接觸過，看過資料後再寫要花至少一周時間。

可憐的小羅就在單位中被人踢來踢去，問題還是沒解決，最後被老總罵了一頓。

哈佛心理學家分析，如果要求一個群體共同完成任務，群體中的每個個體的責任感就會較弱，面對困難、擔當責任時往往會退縮。因為當一件事情可以做的人多了時，人們就會覺得並非一定要自己做。

人們會想，「既然大家都可以做，憑什麼要我做？」「他能幫你，你去找他吧！」「我還是少管閒事吧！」這種現象在心理學上叫作「責任分散效應」。

哈佛的哲學課有這樣一個案例：

在美國郊外某公寓前，一位年輕女子在回家的路上遇刺。她絕望地喊叫：「殺人啦！救命！救命！」聽到喊叫聲，附近住戶亮起了燈，打開了窗戶，兇手嚇跑了。

當一切恢復平靜後，兇手又返回作案。當她又叫喊時，附近的住戶又打開了電燈，兇手又逃跑了。

當她認為已經無事，回到自己家樓上時，兇手又一次出現在她面前，將她殺死在樓梯上。

在這個過程中，儘管她大聲呼救，她的鄰居中至少有三十八位到窗前觀看，但無一人來救她，甚至無一人打電話報警。

哈佛專家認為，當一個人遇到緊急情境時，如果只有他一個人能提供幫助，他會清醒地意識到自己的責任。而如果有許多人在場的話，幫助求助者的責任就由大家來分擔，造成責任分散，每個人分擔的責任很少，從而產生一種「我還是少管閒事」「會有人救她的」的心理。所以，請求別人幫忙的時候，一定要考慮到他人是否有責任分散的心理。而要打破這種心理，就要讓對方感到幫助你是他一個人的責任。

所以，有時候向很多人求助，不如向某一個人求助，並強化他的責任，也就是說認定了某一個人能幫助你，而不要給太多人踢皮球的機會。

# 把自己的姿態放低

在說服對方時，先拿出一些反面的、不好的例子，會增強你的說服力，更容易操縱對方。

——哈佛箴言

為人處世，難免有事業滑坡的時候，難免有不小心傷害他人的時候，難免有需要對他人進行批評指責的時候，在這些時候，假若處理不當，就會降低自己在他人心目中的形象。

哈佛專家提醒：如果巧妙運用心理學效應去影響對方心理，不但不會降低自己的形象，反而會獲得他人好的評價。

當事業滑坡的時候——不妨預先把最糟糕的事態委婉地告訴別人，以後即使失敗也可立於不敗之地。

當不小心傷害他人的時候——道歉不妨超過應有的限度，這樣不但可以顯示出你的誠意，而且會收到化干戈為玉帛的效果。

某化妝品公司的經理因工作上的需要打算讓家居市區的推銷員小王去近郊區的分公司工作。在找小王談話時，經理說：「經公司研究，選擇你去擔任新的主要工作。有兩個處所，你任選一個。一個是在遠郊區的分公司，一個是在近郊區的分公司。」

小王雖然不願離開已經十分熟悉的市區，但也只好在遠郊區和近郊區中間選擇一個稍好點的——近郊區。

小王的選擇，恰恰與公司的意見不謀而合。而且經理並沒有多費唇舌，小王也認為選擇了一個理想的工作崗位，雙方滿意，問題解決。

在這個事例中，「遠郊區」的呈現縮小了小王心中的「秤砣」，從而使小王順遂地去接管近郊區工作。經理的這種做法雖然給人一種玩弄權謀的感覺，但若是從公司和小王的發展考慮，這種兩全的做法也是應該宣導的。

生活中這樣的例子還有很多。

某汽車銷售公司的老李，每月都能賣出三十輛以上汽車，深得公司經理的賞識。由於種種原因，老李預計這個月只能賣出十輛車。深懂人性奧妙的老李趕緊對經理說：「由於經濟不好，市場蕭條，我估計這個月頂多賣出五輛車。」經理點了點頭，對他的看法表示贊成。

沒想到一個月結束，老李竟然賣了十二輛汽車，公司經理對他大大誇獎一番。假若老李說本月可以賣十五輛或者事先沒有打招呼，結果只賣了十二輛，那麼公司經理會怎麼認為呢？他會強烈地感受到老李失敗了，不但不會誇獎，反而可能指責。在這個事例中，老李把最糟糕的情況——頂多賣五輛車，報告給經理，使得經理心中的「秤砣」變小了，因此當月業績出來以後，他對老李的評價不但不會降低，反而提高了。

你看到，老李在這個月開始進行銷售工作之前，先給經理潑了下冷水，等到實際業績出來之後，老李給經理端了盆熱水，經理自然喜出望外，對他讚賞有加。其實呢，車能賣多少老李心中有數，但是稍微用點冷熱水效應，就成功地改變了經理的心情。

有的時候，我們到了一個陌生的環境中，別人或許對你有很高的期望，這個時候，為了避免出現讓別人失望的情況，如果你沒有把握能一下站住腳，不妨先把自己的姿態放到最低，這樣，當你表現不錯時，別人會對你格外滿意。

蔡女士很少演講，一次迫不得已，她對一群學者、評論家進行演說。她的開場白是：「我是一個普普通通的家庭婦女，自然不會說出精彩絕倫的話語，因此懇請各位專家對我的發言不要笑話……」

經她這麼一說，聽眾心中的「秤砣」變小了，許多開始對她懷疑的人，也開始專心聽講了。她簡單樸實的演說完成後，台下的學者、評論家們感到好極了，他們認為她的演說達到了極高的水準。對於蔡女士的成功演講，他們報以熱烈的掌聲。

其實仔細思考，生活中有很多情況都可以使用這樣的「先冷後熱」效應，先把不好的情況告訴對方，然後再說出好的情況，對方就會感到高興，化消極情緒為積極情緒了。

## 對他人表示感謝，強化他的成就感

維持良好的人際關係，表達心意最簡潔的一句話就是「謝謝」。誠懇地說聲「謝謝」會帶給對方最大的滿足和感動。

——哈佛箴言

「謝謝」雖然是一句簡單的話語，但只要你運用得當，就會給別人留下深刻的印象。每個人都希望為他人所付出的努力獲得預期的結果和回饋資訊，特別是當他人為你提供了某些幫助的時候，儘管對方口頭上說「這是應該的」「這沒什麼大不了」「不值得一提」，但是，在他人的內心，是希望得到你的重視和認可的。你的一句話、一個笑臉都能讓他人備受鼓舞，而再接再厲地走下去。

哈佛大學的心理學家和行為科學家斯金納認為，人或動物為了達到某種目的，會採取一定的行為作用於環境。當這種行為的後果對他有利時，這種行為就會在以後重複出現；當這種行為的後果對他不利時，這種行為就會減弱或消失。人們可以用這種正強化或負強化的辦法來影響行為的後果，從而修正其行為，這就是強化理論。

所謂強化，從其最基本的形式來講，指的是對一種行為的肯定或否定的後果（報酬或懲罰），它至少在一定程度上可以決定這種行為在今後是否會重複發生。根據強化的性質和目的可把強化分為正強化和負強化。正強化就是鼓勵那些自己需要的行為，從而加強這種行為；負強化就是懲罰那些與自己的預期不相容的行為，從而削弱這種行為。

在社交上，正強化的方法包括認可、表揚、給予物質回饋等；而負強化的維持良好的人際關係，表達心意最簡潔的一句話就是「謝謝」。誠懇地說聲「謝謝」會帶給對方最大的滿足和感動。方法包括批評、蔑視、遠離他人等。

別人給你幫忙後，你要及時地表達自己的感激之情，你的感激之情表達得越充分、越及時，他們就越會覺得自己的付出是有意義的。否則，他們會認為自己「費力不討好」「白幫忙」了，下次當你有困難的時候，所有的人都可能離你遠去。

雖然那些熱心的人總是宣稱自己幫忙不為什麼，是應該做的。但是他們的內心總是希望自己的付出得到一定的回應。這種回應不一定是物質上的同等回報，精神上的獎勵會讓他們產生同樣的滿足感，讓他們覺得他們給你提供的這個方便是值得的、有價值的。

我們平時說謝謝時，通常是基於禮貌說的，但是你想要表達一種內心的感激，只說謝謝兩個字是遠遠不夠的。你必須配合你的表情和聲調，讓對方感覺到「他在跟我道謝呢！」所以，在道謝的時候，最好加上對方的名字「謝謝你呀，小張！」「李經理，非常感謝你！」當你加入了對方的名字，就等於把對方拉進了被感謝的角色。

另外，在表示感謝的時候，如果你能把感謝事由加入感謝的話中，對方的感覺會更勝一籌，你也會顯得更加的誠懇。比如，「真謝謝你呀，小張，要不是你我找不到這麼好的工作！」「謝謝你幫我改了論文，讓我的論文獲得了第一。」「要不是你幫我渡過難關，我還不知道怎麼應付這次失業呢！」這樣的話，會更加強化對方的重要性。他會感覺到，你是真的記得他的好。

別人幫了你的忙，你表示感謝是理所當然的，但是如果別人答應幫你，盡力了但卻沒有幫上忙，你該如何呢？抱怨別人不該答應你？指責別人沒有為你多盡力？或者是什麼也不說，就當沒發生過？

不管怎麼樣，只要對方付出了努力，無論結果如何，你都要表示感謝，否則就會讓人認為你是個勢利的人。在這種情況下，你可以說：「我知道你已經盡力了，謝謝你！」「真不好意思，讓你為難了！」「這件事的難度確實太大了，我自己再想其他辦法，但還是非常感謝你的幫忙！」

對方聽到這樣的話，心裡肯定會感到很舒服，甚至為沒有幫上你的忙而感到愧疚，下次你遇到困難時，他們一定會盡最大的努力來幫你，以「彌補」這次對你的「虧欠」。

記住，對幫助過你的人要記得說聲「謝謝」，為別人對你的啟發教誨要說「謝謝」，即使只是一些微不足道的小事，也要表達你的感激之情。

## 轉個方向，身後會有更好的路等著你

只會使用鍾子的人，總是把一切問題都看成釘子。

——哈佛箴言

在工作中遇到問題時，一定要努力思考：在常規之外，是否還存在別的方法？是否還有別的解決問題的途徑？只有懂得變通，才不會被困難的大山壓倒，才能發現更多、更好、更便捷的路子。

《像希拉蕊那樣工作，像賴斯那樣成功》一書中寫道：「美國人並不害怕『能力出眾的律師希拉蕊』。美國最好的法律學校每年能培養出大量有能力的女律師。人們不能容忍的是希拉蕊的政治野心、對權力的露骨欲望，以及享受過程的態度。人們恐懼的不是希拉蕊的能力，而是她的野心。」正是由於人們對於這位傳奇女性的褒貶不一的態度，給本來就格外引人關注的二〇〇八年美國大選又增添了許多趣味性。

人們認為，希拉蕊對於權力的欲望已經到達了極點，她是不達目的不甘休的人。但是誰也沒有想到，在大選競爭進行得如火如荼的時候，她選擇了放棄對於總統的競爭，而轉向競選副總統的位置。無疑，希拉蕊是聰明的。她深知總統競選的殘酷，也深深地瞭解對手歐巴馬的強大，所以，在沒有任何勝算的前提下，與其與對手硬碰硬，不如轉身為自己另謀更好的出路。

希拉蕊是成功的，雖然與總統的寶座無緣，但是當歐巴馬宣佈任命其為新政府的國務卿的時候，希拉蕊的臉上是帶著微笑的。她用自己的親身實踐向世人證明了這樣一個道理：處於不利位置的時候，如果沒有辦法突破，那麼不妨轉個方向，給自己找條全新的出路。

其實，生活中我們常常會碰到這樣的事情，你執著於一件事情，但是你的勝算並不大。那麼，與其在不可能的事情面前耗費時間，不如轉過身來，因為你的身後可能會有更好的路在等著你。

多年前，美國的可口可樂和百事可樂曾先後走向臺灣市場。因可口可樂搶先登陸寶島，率先出盡風頭。後進者百事可樂面對已經具有市場基礎的競爭對手，雖施行行銷戰略倍覺艱辛，但還是勇者無畏。一方為爭奪市場，一方為保衛市場，頃刻間掀起了一場極為精彩的商戰。

百事可樂的行銷策略以及推銷活動，雖然較富於機動性，卻始終無法超越可口可樂全球的優勢，因此一直屈居下風，被動的劣勢似乎難以扭轉。

百事可樂高層分析市場，瞭解到正面攻擊不可能在短期內有效，於是便準備悄悄地開闢另一個飲料市場來搶佔可口可樂市場。在極端機密周詳的策劃下，第二年初春，百事可樂以迅雷不及掩耳之勢推出了華年達汽水，受到大批消費者的喜愛。由於百事可樂能從較低層次的廣大消費者入手，市場價位又極具吸引力，加上華年達飲料整體行銷策略完善，儘管只是百事可樂公司的副品牌，卻一時佔領了飲料市場的半壁江山。反觀可口可樂，因為陶醉於可樂大戰後的勝利，忽略了新產品的開發，等到華年達飲料一夜間全面上市後，可口可樂卻不知所措，結果短期內在市場中敗北了。

有人曾說過：「如果一個美國人想歐洲化，他必須去買一輛賓士；但如果一個人想美國化，那他只需抽萬寶路，穿牛仔服就可以了。」可見，「萬寶路」已不僅僅是一種產品，它已成為美國文化的一部分。但是，「萬寶路」的發跡史並非是一帆風順的，它的成功跟公司員工善於變通是分不開的。

美國的二十世紀二〇年代被稱作「迷惘的時代」。經過第一次世界大戰的衝擊，許多青年自認為受到了戰爭的創傷，只有拚命享樂才能沖淡創傷。於是，他們或是在爵士樂中尖聲大叫，或是沉浸在香煙的煙霧繚繞之中。無論男女，都會悠閒地銜著一支香煙。女性是愛美的天使，她們抱怨白色的煙嘴常常沾染了她們的唇膏，她們希望能有一種適合女性吸的香煙。於是，「萬寶路」問世了。

「萬寶路(MARLBORO)」其實是「Man Always Remember Love Because of Romance Only」的縮寫，意為「只是因為浪漫，男人總忘不了

愛」。其廣告口號是「像五月的天氣一樣溫和」，意在爭當女性煙民的「紅顏知己」。然而，「萬寶路」從一九二四年問世，始終默默無聞。它頗具溫柔氣質的廣告形象並沒有給淑女們留下深刻的印象。回應生產商熱切期待的，只是現實中尷尬的冷場。

經過沉痛的反思之後，生產商意識到變通的重要性，將萬寶路香煙重新定位，改變為男子漢香煙，大膽地改變了萬寶路形象，採用當時首創的平開盒蓋技術，以象徵力量的紅色作為外盒的主要色彩。在廣告中著力強調萬寶路的男子漢形象：目光深沉、皮膚粗糙、渾身散發著粗獷和原始氣息，有著豪邁氣概。他的袖管高高卷起，露出多毛的手臂，手指間總是夾著一支冉冉冒煙的萬寶路香煙，跨著一匹雄壯的高頭大馬馳騁在遼闊的美國西部大草原。

這個廣告於一九五四年問世後，立刻給生產商帶來了巨大的財富。僅一九五四年至一九五五年間，萬寶路銷售量就提高了三倍，一躍成為全美第十大香煙品牌。一九六八年，其市場佔有率升至全美同行的第二位。從一九五五至一九八三年，生產商的年平均銷售額增長率為百分之兩百四十七，這個速度在「二戰」後的美國輕工業中首屈一指。萬寶路成為世界五百強的重要原因在於其員工和領導善於變通。而思路決定出路，稍加變通，便有了更多通向成功的路子。

其實，成功並不是只有向前衝，向後退一樣能夠實現目標。但是，不少人不能真正放下眼前的目標，而轉向身後，即使往前衝會撞個頭破血流也要堅持。生活不是玉，也不是瓦，所以不需要我們「寧為玉碎，不為瓦全」。退出不是消極的面對，也不是向生活認輸，而是找到另一個突破口，征服生活。

在身處困境的時候，不要抱著視死如歸的念頭，而是冷靜下來，看看後方是不是有更好的出路。

每一條路都能通往成功，唯一不同的只是這些路的艱險情況。正如「條條大路通羅馬」一樣，在不同的行業裡，用不同的奮鬥方式，都能使我們獲得成功。「此路不通」的情況只存在於路標牌中，因為通過繞行，我們最終仍可以殊途同歸。

# 第 9 課
## 提升情商，巧妙應對社交關係

哈佛大學的心理學家認為，智商的後天可塑性是極小的，而情商的後天可塑性是很高的，一個人完全可以通過自身的努力成為一個情商高手，到達成功的彼岸。

## 把力量集中於自己的專長

在人生的坐標系裡，一個人如果站錯了位置，用他的短處而不是長處來謀生的話，那會異常艱難甚至可怕，他可能會在永久的卑微和失意中沉淪。

——哈佛箴言

哈佛大學的一份報紙曾刊登過這樣一篇關於日本企業勵志圖強的文章，文章詳細介紹了在經濟疲軟期，許多日本著名公司改變經營策略，把精力集中到最受歡迎的特長產品上，結果生存了下來。

「把力量集中於自己的專長，就可以生存下去，甚至更強大！」

同理，在社交中，你也必須擁有自己的核心優勢，才能充分發揮個人所長，找到正確的人生方向。

有的人誤以為只要通過學習，每個人都可以勝任很多事，而每個人的弱點是他成長空間最大的地方。為此，他們總是不斷投入時間和精力，希望將自己的弱點提升為優勢，雖然有些人偶然成功了，但大部分人並沒取得理想的結果，甚至與實際情況正好背道而馳，因為他把時間都花費在彌補自己的弱點上，使自己的優勢也不再明顯。

建輝大學畢業後在一家出版社當編輯，編了幾本書，但書的社會反響並不大，發行量也勉強保本。在這期間，他還被合作者「涮」過兩回，籌畫了幾個月，前期也有了一些投入，但最後出書計畫流產。所以，原本話不多的建輝變得越來越內向，不願意與人溝通，不相信別人，事無巨細都要自己去做。在一些具體工作的細節上又特別苛刻，對自己對別人都一樣，變成了一個「絕對的完美主義者」。如此一來，同事們都不太願意與他共事，建輝感到十分苦惱。

這時，領導看出了他的問題，於是主動找建輝談話，並幫助他分析：建輝的優點在於天資聰慧，對人對事充滿了好奇心，對人對己都有很高的要求，是個完美主義者。所以，他不適合從事需要較多與人溝通的工作，更適合做一些創意性的工作。

經過領導這番點撥，建輝心裡像是點亮了一盞燈。其實，他從小就對美術感興趣，很有繪畫天賦，陰差陽錯才當上了文字編輯……於是，建輝利用業餘時間參加了一些相關的技能培訓。後來，他就被領導調到了設計部做美編，憑著扎實的美術功底和苛求自己的精神，他設計的作品總是能得到客戶的讚揚。不出半年，他就被升為設計部主管了。

其實我們每個人所擁有的才能是獨特的，每個人的優點才是自己成長空間最大的地方。人之所以成功，不是因為他彌補了每一個弱點，而是因為他最大限度地發揮了自己的優點。

經營自己的長處，首先要善於發現自己的優勢，大多數人都以為清楚自己的長處何在，其實不然。很多人總是拿自己的缺點去和別人的長處相比，比來比去，自信心沒有了，不是覺得自己處處不如人，就是覺得自己一無所長，然後就會說：「我實在是太平凡了，根本沒有什麼特殊才能。」其實這種想法是不正確的。

發現自己的長處不易，經營長處更難。因為經營長處需要放棄一些東西，要勇於拒絕眼前利益的誘惑。專心來做自己最拿手的事情，不僅要一心一意，還要不跟風，不動搖；常常有一些人這山望著那山高，因為貪圖安逸，放棄自己的專長，去從事一些安逸的工作，殊不知這樣做最後只會是一事無成。

杜琪峰畢業四年了，他很多大學同學都已經在各個領域裡取得了相當好的成績，可他卻一直沒能找到一份滿意的工作，因為他總是覺得自己做什麼都行，所以只要是熱門的職業，他都想去「湊個熱鬧」。IT業剛興起時，他做電腦設計，網路興起時又跳槽去做網路，當發現網路是個泡沫時，又去做保險……他認為這就是緊跟潮流的一種時尚。

有一次大學時的校友問他：「杜琪峰，你在大學裡是學什麼的？」

他以為好友健忘，回答說：「跟你一樣，學電腦的。」

好友又問道：「那你覺得自己最擅長幹什麼？」

杜琪峰想了想，說：「還是電腦。」

好友笑道：「那你不做自己的專業，跟著別人瞎起哄幹什麼？你在和別人搶不屬於自己的麵包，能搶到手嗎？屬於自己的專長你卻放著不用。」杜琪峰恍然大悟，重新應聘進了一家電腦公司。

一年後，同學聚會，杜琪峰神采奕奕，風度翩翩，因為他在自己最擅長的工作上做出了相當不錯的成績，受到上司的讚賞和同事的尊敬，同時也在工作中感受到了不斷的快樂和滿足。

所以，如果你想在職場中獲得成功的話，就不能脫離自己最擅長的方向。工作中，最擅長的事情可以是一種手藝、一種技能、一門學問，或者只是直覺。要發現自己的優勢所在，我們就要學會正確地認識自己、分析自己。

有一個簡單的方法，可以幫助你。

比如，當你看到別人做某事時，你是否有內心「癢癢」的召喚感——「我也要做這件事。」

當你完成一件事時，你是否有一種滿足感，或欣慰感？

你在做某類事情時非常快，無師自通——這是一個重要信號。當你做某事時，你不是一步一步做，而是行雲流水般，一氣呵成，這也是一個信號。

很多人會發現自己在做很多事情時需要學習，需要不斷地修正和演練；而在做另外一些事情時，卻幾乎是自發的，不用想就本能地完成這件事，這其實就是你的優勢。

# 珍惜對手就是珍惜自己

如何對待自己的對手，不僅可以昭示一個人的心胸氣度，而且還會暴露你當前的處境。

——哈佛箴言

人們在遇到挫折的時候總會感歎世情的險惡，人情的炎涼：我們究竟應該如何來對待這一人生際遇呢？

事實上，世界上絕大多數的人都是好的。他們對待你的態度取決於你對他們的態度。至於他們的毛病，不見得一定比你多。

所以，我們應該努力做到心平氣和、冷靜理智、謙恭有禮、助人為樂。而不是暴躁偏執、盛氣凌人、四面樹敵。即使是對於自己不太瞭解的人，只要不是涉嫌刑事犯罪，而他又沒有明顯冒犯你的意思，那麼還是友好待之為先。

對於素不相識的陌生人不可有惡意，不可有敵意，不可以無端懷疑，不可以拒人於千里之外，更不可以出口傷人、隨意中傷——否則到頭來只會暴露自己的幼稚與低級。甚至不要這樣對待某些或某個確實心懷敵意乃至已經不擇手段地陷害你的人。

你也可以反躬自問：我自己到底有什麼問題？曾有什麼事使他受到傷害？有沒有可能消除誤解化「敵」為友？還要設身處地想想對方是不是有情有可原之處。進一步想，對方之所以險惡，不無背景緣由；另一方面，險惡的心情和弱勢的處境很可能有關係。

我們最憎恨什麼人？多數情況下當然是對手和敵人。

事實上，對手是你人生中重要的參照物，只有對手的存在才能證明你本身的價值。很多年來，可口可樂和百事可樂，麥當勞和肯德基，微軟和蘋果，這些世界上最著名的公司，似乎一刻也沒有停止過爭鬥。爭鬥的客觀效果之一，就是把全世界的眼球都吸引到他們那裡去了。不管速食業有多少個「麥肯雞」「肯麥基」，都只能在角落裡發聲，舞臺的正中永遠只有兩個主角，那就是麥當勞和肯德基，只有他們才能夠互為對手。

古人在戰場上搏殺時，倘若英雄相遇，常常不忍互相加害，雖然各為其主，場面上打得熱鬧，內心其實是相互敬仰的，這樣的人我們視為真英雄。因為他們在對手身上看到自己的影子。同是英雄，也就有了理解的基礎，有了相互尊重的前提。

二〇〇八年九月，美國大選正在如火如荼地進行，以歐巴馬、拜登為候選搭檔的民主黨和以麥凱恩、薩拉·佩林為候選搭檔的共和黨，正在進行激烈的大選爭奪戰。

兩黨為了獲得選民的支持而「口誅筆伐」，攻防的策略從對方施行的政策一直延伸到候選人的弱點。兩方陣營的幕僚們恨不得挖地三尺找出對方候選人的缺失和弱點，以擊倒對方在選民中的形象。

就在這個時候，有媒體曝出一個驚人事件：共和黨副總統候選人佩林十七歲的女兒未婚先孕。這個「醜聞」無疑使佩林臉上無光，因為佩林一直聲稱是反對早孕的人，而作為副總統候選人，居然連自己的孩子都沒管好，如何為國人做表率，如何管理國家呢？

佩林本人和共和黨頓時陷入一種極度尷尬的境地，陷入了短暫的集體沉默中。這個時候，民主黨的很多人士和支持者，都認為這是上天賜予歐巴馬選舉陣營的一個寶貴機會，只要歐巴馬向佩林發出強烈抨擊，就會在人氣上提升一成，以更高的支持率領先共和黨陣營。人們都期待著看到歐巴馬對此發出的第一輪猛烈的攻勢。

這一天，記者終於截住了歐巴馬。記者擁到他的身邊都急著問同一個問題：「請問歐巴馬先生，您就薩拉・佩林十七歲的女兒未婚先孕一事有何評價？」

這時對歐巴馬來說是一個絕好的機會，他的一句話就可能成為給對手的致命一擊——這也是他的很多支持者希望聽到的。

但是歐巴馬只是輕輕地搖搖頭微笑著說：「我想說的是，我媽媽十八歲時便生下了我！」

喧鬧的現場一陣沉默！誰都沒有想到，歐巴馬會給出這樣一個仁慈、樸實和高尚的回答，這分明是在幫佩林以及她的女兒辯護，甚至為此犧牲自己的競選形象。他擁有很多的答案可以選擇，很多答案都可能讓他獲得政治加分。哪怕是沉默而不作回答，對他來說也是有利的，但是他卻給出了這樣一個回應。

歐巴馬的表現令評論界一片譁然，就在政治評論家和分析師都目瞪口呆甚至扼腕歎息的時候，歐巴馬的支持率卻猛地拉升起來。據調查，很多中間選民開始倒向歐巴馬，因為歐巴馬博大的胸懷打動了他們，他們認為只有寬仁的人才能擔當美國的總統。

而很多人不知道的是，就在歐巴馬發表評價之前，沉默的共和黨幕僚們並沒有停止行動，他們早就找出了歐巴馬是母親十八歲時所生的全部資料，他們正準備在歐巴馬攻擊佩林時，以「偽君子」之名攻擊歐巴馬。但是，他們周密的計畫最終落空了，因為歐巴馬的寬仁和誠實令他們無法回擊！

雖然佩林從歐巴馬的寬仁中走了出來，但是在整個競選過程中，貴為共和黨副總統候選人的她卻始終無法以一種銳利的形象與民主黨對抗，更沒有用強大的力量攻擊歐巴馬，因為她始終沉浸在歐巴馬的寬仁之中，直到人民用投票告訴全世界，我們選擇了一位心胸博大、滿懷仁愛的黑人總統——歐巴馬！

我們經常聽到「對對手仁慈就是對自己殘酷」這樣一句話，然而真正高尚仁愛的人，一如歐巴馬，他勇於「降低」自己，施仁愛於對手，卻往往能真正地贏來尊重。

那種對競爭對手動輒咬牙切齒，不惜背後使絆的人，只是一種街頭混混的思維方式，不可能有什麼大出息。苦大仇深是被壓迫階級的形象，咬牙切齒也是劣勢者的姿態，志向遠大的人是不會把眼光只盯在身邊瑣碎的事物上，不會與比自己弱小的人計較，更不會把失敗者打翻在地，然後再狠狠地踢上一腳。仇恨是不能解決問題的，它只會讓人變得更加虛弱不堪。

從長遠的角度來看，一切個人的嫉恨怨毒，一切鼓噪生事，一切流言蜚語、打擊報復，在一個大氣候相對穩定的情勢下，作用十分有限，甚至可能起的是反作用。你見怪不怪，其怪自敗。大可以正常做動作，保持美好心態，不受干擾，讓各種事務按部就班地前進，讓你的生活按照既定的軌道前行。或者更簡單一點，暫時不予置理就是了。你那麼忙，有工作、有學習、有寫作、有業務、有使命感，也有無限的生活樂趣，怎麼有可能陪著那些日暮途窮、再無希望，只剩下了在與假想敵的鬥爭中討生活的人呢？

莎士比亞也曾經這樣說：「不要因為你的敵人而燃起一把怒火，熱得燒傷你自己。」倘若我們的仇家知道我們對他的怨恨使我們精疲力竭，使我們疲倦而緊張不安，使我們的外表受到傷害，使我們得心臟病，甚至可能使我們短命的時候，他們不是會拍手稱快嗎？再退一步來講，即使我們不能愛我們的仇人，至少我們要愛我們自己；我們要使仇人不能控制我們的情緒、我們的健康和我們的外表。

其實，珍惜對手就是珍惜自己，寬容對手也是有自尊的表現。一個真正相配的對手是一種非常難得的資源，從某種意義上說，雙方相輔相成，鬥爭最激烈的時候，也就是雙方最輝煌的時候；如果一方消亡，那麼另一方勢必走向衰退，除非他能脫胎換骨，或者找到新的對手。

# 情緒激動時不要處理問題

只要能保持鎮靜的心態，即使沒有說服對方，對方也會佩服你泰然自若的精神狀態，在對方心目中你仍是一位有涵養的人。

——哈佛箴言

我們遇到重大事情時最容易慌亂，一慌亂就容易出問題：思維混亂，言語顛倒，打破了平常的邏輯性，結果想不出好的辦法，問題處理得更糟糕。原因就是沒有鎮靜下來，鎮靜下來，一切都顯得自如了。

為什麼哈佛人提倡在情緒激動時不要處理問題呢？就是因為情緒激動時思維模式已不符合正常的邏輯，思考問題容易偏激，憑感性下結論最容易出差錯。心態鎮靜時思維敏捷、思路清晰，容易做出明確的判斷。最簡單的方法就是，暫時停下來不去考慮，等心平氣和了再作分析處理。當你鎮靜地思考問題時，會對你慌亂時的窘態另有看法：那時自己竟如此幼稚、武斷。

以鎮靜的心態面對現實，少一份浮躁就多一份明智。意氣用事只會造成不好的結果。面對問題時我們應該靜下心來，思考問題的解決方法，千萬不要腦袋發熱，一時衝動就貿然行事。自暴自棄、怨天尤人、非法處理都是些錯誤的做法，鎮靜下來理性思考才是最重要的。有人這樣說：慌亂只能出壞結果，鎮靜能換取理智。慌亂行事只能看到問題的片面，鎮靜能抓住事物的本質與要領。

聯想集團總裁柳傳志在聯想集團二〇〇二年誓師大會上說：大家知道，我們從研究所出來下海，光被人騙就有好幾次。

公司剛成立一個月時，二十萬的股本就被人騙走了十四萬；一九八七年公司還很弱小的時候，一次業務活動差點被人騙去三百萬，李總在那次活動中犯了心臟病，我天天半夜被嚇醒；一九九一年的關於進口的海關問題；一九九二年的黑色風暴；還有外國企業大舉進入中國市場的最痛苦的一九九三年……哪一年不是把人驚得魂飛魄散，哪一年沒有幾個要死要活的問題。

然而正是這一次次的狂風暴雨，一次次心志的歷練，才有可能有一九九五年的「臨危不亂，舉重若輕」。我們正是因為鎮靜才一次次戰勝了困難，發展到今天。

成功人士共有的特點就是遇事鎮靜，穩定處理，泰然自若，一切困難自會擺平。

鎮靜的心態對說話也很重要。與別人交談中有鎮靜的心態，就能認真聽取別人的談話，並認真揣摩對方的意圖。對對方來講，你鎮靜沉著的狀態會給對方一個冷靜成熟的好印象；若急躁不安地聽別人談話，既不能領會對方的意圖，又會引起對方的反感，甚至會失去與你交流的耐心。你以鎮靜的姿態與對方侃侃而談，會喚起對方的重視，讓其能聚精會神地與你展開話題，並向更深的方向進行交流。

想在交談中占主動地位，牽引對方展開話題，你首先要以鎮靜、自信的狀態令對方信服。讓對方覺得他在與一位很有素養的人交流，對方會在你的平穩引導下慢慢打開話匣，話題也將步步深入。

下面幾點哈佛大學的情緒管理方法你可試著實踐一下，也許能給你帶來一些幫助：

- 談話之前先調整一下情緒，進入鎮靜、平和的狀態。
- 談話開始不要產生急躁情緒。
- 不要先急於表達自己的觀點，先聽聽對方說些什麼。
- 用心分析對方的話，猜出對方的意圖。
- 即使對方出言不遜也不要與對方爭辯、吵鬧。
- 抓住對方話語的漏洞，平靜地反駁對方。
- 對方故意刁難你時仍要保持鎮靜。
- 無論談論結果如何都要以平靜祥和的姿態結束談話。
- 經常練習平息自己發怒的調整能力。
- 遇見越大的談論場面越要保持鎮靜。

## 任何時候都不要忽略細節

不要小看細節，在這樣一個細節決定命運的年代，那些看起來十分不起眼的小細節往往蘊藏著深刻的大道理，在無形中影響著你的一生，改變著你的命運。

——哈佛箴言

人，能一心一意地做事，世間就沒有做不好的事。這裡所講的事，有大事，也有小事，所謂大事小事，只是相對而言。很多時候，小事不一定就真的小，大事不一定就真的大，關鍵在做事者的認知能力。那些一心想做大事的人，常常對小事嗤之以鼻，不屑一顧。但是，連小事都做不好的人，是很難做成大事的。

有位哲學家曾說過這樣一段話，他說：「不會做小事的人，很難相信他會做成什麼大事。做大事的成就感和自信心是由小事的成就感積累起來的。可惜的是，我們平時往往忽視了它，讓那些小事擦肩而過。」

勿以善小而不為，勿以惡小而為之。「小事正可於細微處見精神。有做小事的精神，就能產生做大事的氣魄」。不要小看做小事，不要討厭做小事。只要有益於工作，有益於事業，人人都應從小事做起，用小事堆砌起來的事業大廈才是堅固的，用小事堆砌起來的工作長城才是牢靠的。

有位女大學生，畢業後到一家公司上班，只被安排做一些非常瑣碎而單調的工作，比如早上打掃衛生，中午預訂盒飯。一段時間後，女大學生便辭職不幹了。她認為，她不應該蜷縮在「廚房」裡，而應該上更大的「廳堂」發揮。

可是一屋不掃，何以掃天下。一個普通的職員，即使有很好的見解，想要被重用，也要受一段不短時間的煎熬，最重要的是要努力做出能讓別人傾聽到自己意見的資格和成績，在別人眼裡，你才能舉足輕重，不易被忽視。

因此，從小事做起的工作，年輕時就應努力去做好。

曾有一位人事部經理感歎道：「每次招聘員工，總會碰到這樣的情形：本科生與大專生、中專生相比，我們也認為本科生的素質一般比後者高。可是，有的本科生自詡為天之驕子，到了公司就想唱主角，強調待遇。別說挑大樑，真正找件具體工作讓他獨立完成，卻往往拖泥帶水、漏洞百出。本事不大，心卻不小，還瞧不起別人。大事做不來，安排他做小事，他又覺得委屈，埋怨你埋沒了他這個人才，不肯放下架子幹。我們招人來是工作、做事的，不成事，光要那本科生的牌子幹嗎？所以有時候，相比之下，大專生、中專生反而比那些本科生更實際，更有用。」

現在，社會上有的企業急需人才，而有的大學生卻被拒之門外，不受歡迎，不被接納，對此現象，該人事部經理算是道出了其中緣由。

人生價值真正的偉大在於平凡，真正的崇高在於普通，最平凡、最普通卻又最偉大、最崇高。從普通中顯示特殊，從平凡中顯示偉大，這才是做人做事之道。

小事，一般人都不願意做。但成功者與碌碌無為者最大的區別，就是成功者願意做別人不願意做的事情。一般人都不願意付出這樣的努力，可是成功者願意，因此他獲得了成功。

別人不願意端茶倒水，你更要端出水準；別人不願意洗涮馬桶，你更要涮得明亮；別人不願意操練，你更要加強自我操練；別人不願意做準備，你更要多做準備；別人不願意付出，你更要多付出。

每一件別人不願意做的小事，你都願意多做一點，你的成功率一定會不斷提高。

因此，成功最重要的秘訣，就是去做別人不願意做的小事。因此，做事不可以被大小限制，被時間限制，被空間限制。因此，需要具有超越自我、超越時空的觀念，跳出大大小小的圈子，成就最普通而又最特殊，最平凡而又最高尚，最渺小而又最偉大的事業。

一個礦泉水瓶蓋有幾個齒？

雖然我們經常喝礦泉水，但很多人不會在意，剛剛擰開的那瓶礦泉水，瓶蓋上會有幾個齒。假如我拿這個題目考你，你一定會嗤之以鼻，因為這個題目太無厘頭了。

一家電視臺做了一期人物訪談，嘉賓是宗慶後。知道宗慶後的人可能不多，但幾乎沒有人沒喝過他的產品——娃哈哈。這個四十二歲才開始創業的杭州人，曾經做過十五年的農場農民，栽過秧，曬過鹽，採過茶，燒過磚，蹬著三輪車賣過冰棒……在二十年時間裡，他創造了一個貿易奇蹟，將一個連他在內只有三名員工的校辦企業，打造成了中國飲料業的「巨無霸」。

關於他的創業、關於娃哈哈團隊、關於民族品牌鑄造……在問了若干個大家感興趣的題目後，主持人忽然從身後拿出了一瓶普通的娃哈哈礦泉水，考了宗慶後三個題目。

第一個題目：「這瓶娃哈哈礦泉水的瓶口，有幾圈螺紋？」

「四圈」。宗慶後想都沒想，回答道。主持人數了數，果然是四圈。

第二個題目：「礦泉水的瓶身，有幾道螺紋？」

「八道」。宗慶後還是不假思考地一口答出。主持人數了數，只有六道啊。宗慶後笑著告訴她，上面還有兩道。

這兩個題目都沒有難倒宗慶後，主持人不甘心。她擰開礦泉水瓶，看著手中的瓶蓋，沉吟了片刻，提了第三個題目：「你能告訴我們，這個瓶蓋上有幾個齒嗎？」

觀眾都詫異地看著主持人，不知道她葫蘆裡賣的是什麼藥。很多人趕到電視錄製現場，就是為了一睹傳奇人物的風采，有的人還預備了很多題目，向宗慶後現場討教呢。可是，主持人竟將寶貴的時間，拿來問這樣無聊的題目。

宗慶後微笑地看著主持人，說，「你觀察得很仔細，題目很刁鑽。我告訴你，一個普通的礦泉水瓶蓋上，一般有十八個齒。」

主持人不相信地瞪大了眼睛，「這個你也知道？我來數數。」主持人數了一遍，真是十八個。又數了一遍，還是十八個。

主持人站起來，做最後的節目總結：「關於財富的神話，總是讓人充滿好奇。一個擁有一百七十多億元身家的企業家，治理著幾十家公司和兩萬多人的團隊，開發生產了幾十個品種的飲料產品，需要逐日決斷處理的事務何其繁雜？可是，他連他的礦泉水瓶蓋上有幾個齒都瞭若指掌。也許我們可以從中看到，他是如何一步一步走向成功的。」

人們恍然大悟，場上響起熱烈的掌聲。

不因小而失大，不因少而失多。拋棄大小的競爭，拋棄高下的念頭，拋棄富貴的欲望，而一心一意從小事做起，就是洗廁所、掃大街，也會比別人清理得更乾淨。

越是那種埋怨自己工作價值渺小的人，真正給他們一份棘手的工作時，他們越是退縮而不敢接受。具有十成力量的人，去做僅僅需要一成力量的工作，其中有生命的意義和悠閒的心情。在長遠的人生中，這種生命的意義和悠閒的心情對於人格的形成與發展有決定性的幫助。

許多白手起家且事業有成的人，在小學徒或小職員時代就能以最高的熱忱和耐心去面對上司給予他們的小工作，這是非常值得反思的事實。我們不可能用數量來衡量工作重要性的大小，「大往往在小之中」。

# 比規定的時間提早一點完成

速度決定一切。

——哈佛箴言

很多時候，我們心裡會想：我已經努力改進了，也取得了不小的進步，可以放鬆一下了。自己與自己的過去比，是完全應該和必要的。我們應該看到自己的進步，堅定自己前行的信心，但是請別忘了，還要抬頭看看四周：他們幹得怎麼樣？觀察一下你的周圍，你就會發現，那些能幹的人身上都有一個共同點，那就是動作迅速。

當然，他們是把握和判斷好了先後次序之後才開始處理那些事務，所以看上去動作是那麼迅速。但是不管怎麼說，工作過程中存在著某種令人舒心的節奏，這種節奏感讓人覺得他的身手非常敏捷。

明確來講，在商界，從某種程度上而言，急性子的人更容易出人頭地。

當你的上司吩咐你做一項工作的時候，一定會告訴你一個截止的時間：「在×月×號之前完成。」如果沒有這樣告訴你，那是上司忘記說了，你要自己主動確認。

這裡要奉勸一句：一定要趕在截止日期之前提前完成，哪怕是提前一天也好。與其遵守時日追求完美，不如提前迅速完成，哪怕是「拙速」也沒有關係，這一點是關鍵。因為儘快提交給上司，得到上司的意見更為重要。

此時你和上司之間的關係便是客戶之間的關係。也就是說，上司是你的主顧。對方是不是很滿意？如果不滿意，什麼地方需要修改？認真理解這些之後，再按照對方的意思進行調整。算上這些修改的時間，也不要把工作拖到快要到規定時間的時候。

如果拖到規定的時間才提交，上司雖然感到不滿意也能過關，或者還會親自動手修正一下。但不管怎樣，都只會給上司留下這樣一個印象：「他怎麼還沒有交上來？」如果提前一兩天提交，就會得到上司具體的指示：「這裡和這裡，我有些不滿意。」然後只要更正一下被指出來的部分就可以了。於是，你在上司眼中的印象就會得到好轉：「這人做事很快！」

這就是商業社會的價值觀。跟那些慢慢調查客戶諮詢意見之後再作回答的人相比，四處奔走時刻牢記快速反應的人要更勝一籌。

生存、發展的機會可能只有有限的幾個，卻往往會有一大群人去拚搶，你只是盡力是不夠的。要優秀，就要比別人跑得快！只要覺得好，就立刻付諸行動，這就是果決精幹。

兩個人一起去山裡面遊玩，正當他們興致勃勃地欣賞山中的美景時，突然發現一隻熊正在離他們不遠的地方盯著他們。

兩個人都十分害怕。因為他們手無寸鐵，根本談不上與熊搏鬥並將其打死。

此時，其中一人在短暫的害怕之後，稍微鎮定了一下，迅速彎腰下去把鞋帶繫好，做好逃跑的準備。

另一個人對他說：「你這樣是沒有用的，你不可能跑得比熊快。」

那個準備跑的人回答說：「我不需要跑得比熊快，我只要跑得比你快就行了。」

在這裡，我們姑且先不談論道義上的問題。只需要記得：當面臨別無選擇的囚徒困境時，我們只有力爭比對手跑得快，才可能讓自己獲得最好的條件。

再來仔細分析一下：那個準備逃跑的人面臨的選擇有以下幾個：

- 不逃跑，被熊吃掉。
- 逃跑，被熊吃掉。
- 逃跑，得以生還。

在這些選擇裡面，如果選擇逃跑，會有生還的機會，而他的朋友選擇不逃跑，生還的機會自然屬於他；若他的朋友選擇逃跑，就需要一個附加的條件——他跑得比自己的朋友快——這樣才會生還。

所以，在這一博弈過程中，他只有比朋友跑得快，才能夠生存。

在殘酷的生存競爭中，知道誰是你真正的競爭對手非常關鍵。有時候你幹得不一定比「敵人」好，但至少要比「敵人」強。今天與昨天相比，我們很容易滿足，因為我們可以看到自己的進步，這是必要的。但我們還要同別人比，看看自己的相對速度。

在這個世界上，我們要想確定自己的位置，必須採用參照物，人都是在比較中生存的。換句話說，如果我們一群人後邊追著一群狼，只要你跑不過別人，倒楣的就是你。

在我們的一生中，沒有人會為你等待，沒有機遇會為你停留，成功也需要速度。帶著積極的心態，及時抓住機會，不斷進取，不停拚搏，才有可能創造成功。如果按部就班、謹小慎微，在應該行動時坐等機會溜走，就會時時落後、事事落後。要知道，光說不做，只想不行動，既不能增加成功的砝碼，也無法增加人生的能量。

古人云：「激水之疾，至於漂石者，勢也。」速度決定了石頭能否在水上漂起來。同樣，要想擁有成功，就需要賦予人生足夠的速度。這是成功者的姿態，也是勝利者的姿態。

哈佛人建議：在思考與決定之後就應該勇敢地去做。只有立即動手的人才能夠抓住轉瞬即逝的機會，也只有立即動手的人才能夠很快地將自己的想法付諸行動，而將自己的想法付諸行動才能夠將想像的結果變為真正的現實。

# 第 10 課

## 借力打力，
## 從默默無聞到脫穎而出

哈佛人認為，在你計畫做成某事的時候，沒有成本、沒有經驗、沒有技術……都不要緊，如果你認識擁有這些資源的朋友，同時又有高屋建瓴的頭腦，那麼所有問題都會迎刃而解。

## 借力是成功路上的滑翔機

要想成功，不僅要增強自身的實力，還要學會將身邊的資源通過合適的人脈關係整合到一起，進行優化配置，這才是讓自己在人生中更加遊刃有餘的最佳策略。

——哈佛箴言

為什麼有的家庭兩個人的工資都不高，他們卻可以買得起大房子，過上高品質的生活？因為他們從更高的角度看自己的人生，不糾結於一處，利用手裡的資源想辦法。他們手裡有一點錢的時候，就投給朋友開辦的小公司，從而獲得了更多的收益，他們運用朋友的關係搞一些「副業」，這說明有靈活頭腦的人是不會受窮的。

哈佛人認為，這些還只限於在你的人生剛剛起步的階段，隨著你認識的人越來越多，層次越來越高，也許三人五人在談笑間就構思了一個好的想法，並可以較快地付諸實踐。

小張畢業工作了三年多之後，時常為自己的現狀感到苦惱，目前的公司已經沒有多大的發展空間，每天幾乎都是做著重複性的工作，感到自己的時間有被「賤賣」的危機。然而，擁有較大的家庭經濟壓力的他一方面捨不得此處的高薪，另一方面也承擔不起換工作或自己創業帶來的高風險。無奈的他只能原地踏步。

有一次，在他的一個遠房親戚那裡，他認識了一個有錢人，這個中年人家裡有一定的資產，但是不知道該怎樣投資，見過小張幾次之後，覺得小張是一個有想法、為人又踏實穩重的人。經常在一起聊天，她慢慢地表示如果小張願意自己做一項事業的話，她願意出一定的資本。

小張一開始並沒有往心裡去，但後來他在街頭經常排著長隊、人頭攢動的栗子店、薯片店的前面靈光一閃，找到了商機，於是他找到了一家最有名的連鎖小吃店的老闆，表達想要加盟的意願。

半年之後，小張的零食店開了起來。他並沒有辭掉工作，真的是那位遠房親戚為他出資幾萬元，雖然不多，但是經營一個小成本的買賣綽綽有餘了。

他雇了幾個人，把遠在外地的岳父請來幫忙看管，一年下來，也賺了不少錢。也許這並不是一項大事業，距離他的宏圖大志還很遠，但是通過這個小本創業的經歷，他積累了知識和經驗，更重要的是，他手裡有了更多的積蓄，經濟上寬裕了，他安心地跳槽到另一家知名企業，剛開始的時候對方承諾的薪水並不高，但他還是接受了，因為他相信自己的能力，更看好這裡更加廣闊的發展空間。

從此以後，小張的事業越走越寬了。

其實，生活就是這樣，你一個人的力量永遠也比不上你＋小房產公司老闆＋有錢的富二代＋事業單位工作的高中同學＋一個相處友好的鄰居，更比不上你＋稍有名氣的新銳作家＋富豪叔叔＋教授姑媽＋名主持人。有時候，人脈也像滾雪球，從這些朋友身上，你能獲得無窮的力量。

有人可能會說，「借」的確是一個「四兩撥千斤」的好方法，但自己究竟能「借」什麼，又怎樣「借」才能有效果，卻又是現實中必然會遇到的難題。

「給我一個支點，我可以撬動地球。」這是阿基米德的一句名言，而「借」的關鍵就是能夠找到這個支點所在。

這個「支點」就是「借」的契合點，它是你急需的，卻又是對方所獨具的。所以「借」絕對不是簡單的依賴和等待，而是一場有準備的戰鬥，是用巧妙的智慧換取財富。從這一點來說，你首先要對自己有充分的瞭解，你的強項是什麼，怎樣的「外援」會對你有幫助？接下來在對市場充分瞭解的基礎上，你就可以鎖定自己的靠山，然後通過有效的「嫁接」，真正達到「借」的目的。所以「借」是主動的，它是你根據實際需要做出的選擇。

哈佛的教授認為，有這樣幾條思路或許可以成為「借」的借力目標。

第一是借「智力」，或者說是「思路」「經驗」等，比如有些投資大師有不少好的經驗，這都是他們經過多年的成功與失敗得出的制勝法寶，它們顯然可以讓我們的投資少走許多彎路。

第二是借「人力」，這就是所謂的人氣，一個品牌、一處經營場所甚至是一位名人，其周邊可能聚集了不少類別分明的人群，如果能把自己生意的目標消費群與之結合起來，其結果可能就是投入不大而利潤大。

第三是借「潛力」，良好的社會經濟發展前景誘惑無疑是巨大的，它也會給我們的投資帶來有效的增值空間，像城市的建設規劃以及中小城市的發展計畫等，都是值得我們關注的焦點。

第四是借「財力」，有些投資者或企業可能會遇到資金捉襟見肘的情況，那麼充分利用銀行或投資基金的財務槓桿，無疑會讓你解決許多燃眉之急。

第五是借「權力」，乍一聽這個詞似乎挺嚇人的，但其實所指的就是政策，「借」上好的政策同樣也會使你贏得發展的契機，靠政策致富的案例早已屢見不鮮了。

但在這裡需要說明的是，「借」與盲目跟風有著本質的區別。「借」是一項高技術含量的工作，通過瞭解、準備、研究、比較和選擇等多個步驟才能獲得成功，而如果隨意地跟風模仿，反而會給你帶來不小的風險。有些投資者不考慮周圍環境和自身的不同實際，不看實際效果是否有效，不看時機是否成熟，不看條件是否具備，生搬硬套，盲目地跟著別人走，這顯然是與「借」的本意相違背的。

對此，哈佛教授建議：我們可以把握住這樣幾點：

・自身是不是適合是關鍵，並不是所有的產品都能產生這樣的效果。

・一個好的「借」的物件也要區別對待，比如同樣是城市建設規劃，不同區域產生的效果是不一樣的，這就需要投資者運用各種資訊進行研究、分析、比較，最終「借」上真正有潛力的規劃。

・即使找到了正確的方向，「借」的過程也要講究技術，比如你「借」上了大店鋪的客源，就可以考慮將經營時間與大店鋪錯開，以避其鋒芒、撿其遺漏。

・「借」同樣也可能會遭遇到不可預見的風險，其中最為典型的就是連鎖加盟，有些專案由於本身含金量不高，甚至帶有欺騙性質，讓許多投資者遭遇了滑鐵盧，對此我們必須多加留意。

## 借別人的經驗，找自己的出路

聰明人做事，都講究方法和捷徑。他們直接運用他人的方法，省略盲目的實驗過程，往往能夠事半功倍。

——哈佛箴言

哈佛人認為，聰明人看到一件事，首先想到的是通覽整個事件，然後思考是否能夠尋找到簡單的辦法。

在一次數學課上，老師給大家出了這樣一道數學題：請問，將一至一百之間的所有自然數相加，和是多少？老師承諾，誰做完這道題，誰就可以放學回家。

為了能儘快回家享受那自由而快樂的美好時光，同學們都努力地算了起來，有的人甚至額頭上都滲出了汗。只有高斯一人靜靜地坐在自己的座位上。他一隻手撐著下巴，一隻手無意識地擺弄著手中的鉛筆。他在尋找一種可以快速解答這個問題的辦法。

過了一會兒，小高斯舉手交答案了。

「老師，這道題的答案是五〇五〇。」高斯很自信地說。

「你可以給出你的方法嗎？別人可連一半都沒有加完啊！」老師略帶吃驚地問。

「當然。你看，一百加一等於一〇一，九十九加二等於一〇一，九十八加三等於一〇一……以此類推，到五十加五十一等於一〇一時，恰好得到了五十個一〇一，因此最後的結果也就是五〇五〇了。」

老師對高斯的解答十分滿意，並確信他將來一定會有所作為。後來高斯真的成為世界著名的數學家。

做任何事情，既要勤奮刻苦也要開動腦筋。只要方法找到了，做起事來才會更快、更好。

西方有一句有名的諺語，叫作Use your head，就是多多動腦的意思。許多人一生都遵循著這句話，解決了很多被認為是根本解決不了的問題。在現代社會，每個人都在想盡一切辦法來解決生活中的一切問題，而最終的強者是辦法最巧妙的那部分人。

有一個人在一家建築材料公司當業務員。雖然公司產品不錯，銷路也不錯，但產品銷出去後，總是無法及時收到回款。當時公司最大的問題是如何討賬。

有一位客戶買了公司十萬元的產品，但總是以各種理由遲遲不肯付款。公司先後派了三批人去討賬，但都沒能要到貨款。當時這個人到公司上班不久，就和另外一位員工一起被派去討賬。他們軟磨硬泡，想盡了辦法。最後，客戶終於同意給錢，叫他們過兩天來拿。

兩天後他們趕去，對方給了他們一張十萬元的現金支票。

他們高高興興地拿著支票到銀行取錢，結果卻被告知，賬上只有九萬九千九百三十元。很明顯，對方又耍了個花招，給的是一張無法兌現的支票。馬上就要春節了，如果不及時拿到錢，不知又要拖延多久。

遇到這種情況，一般人可能就一籌莫展了。但是這個人突然靈機一動，趕緊拿出一百元錢，讓同去的人存到客戶公司的帳戶裡。這樣一來，帳戶裡就有了十萬元。他立即將支票兌了現。

當他帶著這十萬元回到公司時，董事長對他大加讚賞。之後，他在公司不斷發展，五年之後當上了公司的副總經理，後來又當上了總經理。

是的，當誰都認為工作只需要按部就班做下去的時候，偏偏總有一些優秀的人，會找到更有效的方法，將效率大大提高，將問題解決得更好更完美。正因為他們有這種「找方法」的意識和能力，讓他們以最快的速度得到了認可。

我們再來看一個故事：

一七九三年，守衛土倫城的法國軍隊發生叛亂。在英國軍隊的援助下，叛軍將土倫城護衛得像銅牆鐵壁，前來平叛的法國軍隊怎麼也攻不下。

土倫城四面環水，且有三面是深水區。英國軍艦在水面上巡邏，只要前來攻城的法軍一靠近，就猛烈開火。法軍的軍艦遠遠不如英軍的軍艦先進，根本無計可施。

就在這時，法國軍隊一位年僅廿四歲的炮兵上尉靈機一動，當即告訴指揮官：「將軍閣下：請急調一百艘巨型木艦，裝上陸戰用的火炮代替艦炮，攔腰轟擊英國軍艦，以劣勝優！」

果然，這種「新式武器」一調來，英國艦艇無法阻擋。僅僅兩天時間，英軍的艦艇就被火炮轟得七零八落，不得不狼狽逃走。叛軍見狀，很快就繳械投降了。

經歷這一事件後，這位年輕的上尉被提升為炮兵準將。這位上尉就是後來成為法國皇帝的拿破崙！

像很多傑出人物一樣，拿破崙的成功，相當程度上是因為在關鍵時刻找到了有效解決問題的方法，從而使自己走上了一個新的臺階，獲得了一個有高度的新起點。有了這樣的新起點，才有了更大的舞臺，才能吸引更多的人向自己看齊，才有更多的資源向自己彙集。

只要仔細觀察，我們都能從周圍的人身上得到啟發和教訓。有這樣一句古語：

前車覆，後車誡。成功者的頭腦在於：他們善於總結他人和自己的失敗。

劉邦吸取了秦朝滅亡的教訓，漢朝採用了休養生息的政策；

東漢看到西漢土地兼併的弊端，開始限制這個問題；

唐朝吸取隋朝窮兵黷武的教訓，開始推崇文教；

宋朝吸取唐朝後期的大家族、外戚專政的教訓，採取不殺讀書人的政策；

明朝吸取過去宦官干政的教訓，專門在宮殿門口貼了一個牌子，規定宦官不能接觸政事……

歷史的發展，正是吸取之前的教訓，因為這樣能讓人們少走很多彎路。

別人的教訓，是自己的免費經驗；別人的智慧，更可以直接變為自己的智慧。

## 找到志同道合者「同舟出海」

周圍的人會對你產生巨大的影響，但問題是，不是所有的人帶給你的影響都是有幫助的，而且是和你有著共同方向的。

——哈佛箴言

人說，知己難尋。人說，前世千百次的回眸，才換來今生的擦肩而過。這都是說，在這個世界上，能夠和我們並肩戰鬥的人都是少數，而選對這些能夠和我們一起戰鬥的人就顯得至關重要。它是促使我們走向成功的一個關鍵因素。

曾國藩當年和太平軍打仗時，清朝的滿族士兵沒有戰鬥力，被外國人和太平軍打敗了，朝廷讓曾國藩自己招兵買馬，組建軍隊。曾國藩不含糊，很快就組建了一支軍隊。這支軍隊就是湘軍。湘軍很出名，戰鬥力很強，作戰凶狠不怕死，在剿滅太平天國的戰鬥中立下了大多數的戰功。

湘軍為什麼戰鬥力強？還要從軍隊士兵的來源說起。曾國藩心裡清楚，一支軍隊戰鬥力的高低和士兵的素質直接相關。所以，參軍的人一定要有能力。可不是所有人都有能力，而且還有其他因素，比如決心，比如是不是能吃苦，比如是不是不怕死等等。

曾國藩思考了很長時間，清朝那麼大的疆域，能夠滿足他的要求的，只有一個地方的人，這就是他的老家湖南。所以他依靠師徒、親戚、好友等複雜的人際關係，建立了一支地方團練，這就是後來的湘軍。

曾國藩清楚，不是所有人都會和自己一條心，最可靠的人就是身邊有著倫理道德關係的人。能夠和自己共同戰鬥的人，只是少數，而這少數，就是農民以及自己的同鄉。大家的性命前途綁在一起，共同做事情才更安全可靠。

除此之外，他招收士兵很有自己的見解。他的湘軍士兵，幾乎無一不是黑腳杆的農民，這些樸實的農民，既能吃苦耐勞，又很忠勇，一上戰場，則父死子代，兄死弟繼，義無反顧。具體來說：年輕力壯，樸實而有農夫氣者為上；油頭滑面而有市井氣者，有衙門氣者，概不收用。曾國藩認為，山僻之民多悍，水鄉之民多浮滑，城市之民多浮情之習，鄉村多樸拙之夫。

大海上風急浪高，一不小心就會搭上性命，所以出海之前，船長總會慎重地選擇船員，這樣才能將風險降低到最小。

我們的生活也是一樣，雖然沒有浪花，卻有諸多看不到的暗礁，在這種情況下，選擇同伴就顯得非常重要了。

哈佛教授曾整理了以下十個條件，可以幫你迅速斷定對方是否適合當你的合作夥伴。

## 你是否瞭解自己

在尋找他人之前，你首先要瞭解自己，你的個性如何，你的喜好是什麼，你的底線又是什麼。你擅長什麼，能力如何，是否有協調性，你的優勢是什麼，劣勢是什麼……如果你不能對自己做出一個全面準確的判斷，那麼你就很難知道自己究竟需要什麼樣的合作夥伴。

## 雙方目標是否一致

合作的關鍵在於雙方的目標是否一致，目標一致，你的競爭對手也能成為你的合作夥伴。這個目標既可以是短期的小目標，也可能是長期的大目標。只要目標一致，預計的結果能夠讓雙方有所收益，你們就有合作的可能。

## 對方能力如何

準確地估計自己的能力，還要全面地調查合作者的現狀和能力，如果雙方的實力旗鼓相當，往往能產生不錯的合作結果。考察對方能力的時候，既要看到對方過往的成績，也要看到他現在的狀況以及未來的發展潛力。不要單憑對方的一面之詞就草率地決定合作。事前考慮好過事後懊悔。

## 你能否與對方溝通

即使你們的能力相當，也要弄清你們是否容易溝通，是否會出現雞同鴨講的情況。如果你們不能準確快速地理解對方的意圖，如果你們對目標的具體理解存在很大差異，那麼在事情執行過程中很可能因為溝通不當造成合作破裂。因為溝通不當造成的失敗沒有任何意義。所以，在事前確定雙方是否能夠很好溝通至關重要。如果雙方沒有溝通的意願，都喜歡各行其是，無法做到步伐統一，那麼這樣的合作不要也罷。

## 是否有根本利益衝突

目標一致，不代表合作能夠進行到最後。如果雙方有根本性衝突，合作早晚面臨破裂。所以，如果你與你的合作者有根本性衝突，可以考慮選擇其他合作者；如果必須與其合作，就要小心行事，步步觀察。

## 對方的人品如何

合作者的人品是你必須慎重考慮的因素，他能夠講原則、重承諾、守信用，是保證你們順利合作的前提。此外，最重要的一點是合作者的責任感，他是否能夠與你一起承擔事業的風險，在困難的時候，有責任感的人不會棄你於不顧，和一個有責任感的人共事，等於給這份合作上了保險，即使失敗，也不是由你一個人承擔。

## 雙方是否有互補的一面

合作是一個取長補短的過程，如果你們之間有互補的一面，充分發揮自己的優勢，就能實現最佳的資源配置，達到一加一大於二的效果。如果能在合作的過程中學到對方的優點，對於自己的發展也有不可估量的益處。

## 能否產生默契

合作雙方要有默契，沒有默契會造成合作雙方狀況的紊亂，甚至造成不必要的誤會。默契的基礎在於信任，如果不能相互信任，就不會產生默契。所以，考察對方是否值得你信任，是判斷你們之間能否產生默契的第一步。有了信任，再加上良好的溝通，產生默契並不是一件困難的事。

## 對方是否有包容心

在合作中，難免出現錯誤。你必須判斷當你出現錯誤的時候，對方是否能夠包容你，那些能夠原諒你的小錯誤，以大目標為前提繼續合作的人，是你的首選合作對象。但是，如果一個人表示，他能夠原諒你出現戰略性、原則性錯誤，你千萬不要與他合作。合作的目的在於互助與互相監督，如果他能夠原諒你的戰略性、原則性錯誤，就代表他並不重視這次合作，也代表你必須原諒他的這一類錯誤，這樣的合作不利於成果的產生。所以，合作夥伴要有包容心，但是不能一味包容。

## 是否能接受彼此的缺點

合作夥伴不會十全十美，你如此，他也一樣。你們有相同的目標，互補的能力，還有一個很關鍵卻也很容易被忽視的問題：你們願不願意接受彼此的缺點。接受彼此缺點，就是接受對方身上你根本無法贊同的部分。你願意為這份合作做出讓步或妥協，以保證結果的順利。如果無法接受對方缺點，合作過程勢必會有摩擦，很可能導致合作走向破裂。

尋找合作夥伴，本身就是一個考驗你的眼光與能力的行為，你的標準是否合適、判斷是否準確、瞭解是否全面，直接決定了合作是否能夠順利。儘量在每一次合作中重視對方，吸取經驗，給你的合作夥伴留下良好的印象，這樣既會提升他人對你的好感，也為你們下次合作預留了空間。

# 學會資源分享，大家好才是真的好

競爭不排斥合作。
——哈佛箴言

美國商界有句名言：「如果你不能戰勝對手，就加入到他們中間去。」

一隻獅子和一隻狼同時發現了一隻小鹿，於是牠們倆商量好共同追捕那隻小鹿。牠們之間合作得很好，當野狼把小鹿撲倒，獅子便上前一口把小鹿咬死。但這時獅子起了貪心，不想和野狼平分這隻小鹿，於是想把野狼也咬死，可是野狼拚命抵抗，後來狼雖然被獅子咬死，但獅子也受了重傷，無法享受美味。

這個故事講述的道理就是人們常說的「你死我活」或「你活我死」的遊戲規則。試想，如果獅子不是那麼貪心，而與野狼共用那隻小鹿，不就皆大歡喜了嗎？我們常說，人生如戰場，但是人生畢竟不是戰場。戰場上敵對雙方不消滅對方就會被對方消滅。而人生賽場不一定如此，為什麼非得爭個魚死網破、兩敗俱傷呢？合作雙贏不是更好嗎？

在社會交往中，我們每個人的觀點裡，競爭與合作都是相輔相成的，是相互平等的、對等互為補益的關係，但是由於現今社會競爭非常普遍，在合作方面，一些人就好像不太重視了。現今社會中，有很多人認為，競爭就是你死我活，競爭的雙方就不能有合作的機會，他們似乎註定是為利益而對立的「冤家」對頭。其實，如果要在競爭與合作之間選擇的話，選擇合作的人才是聰明人。

有一種「龜兔雙贏理論」，龜兔賽了多次，互有輸贏。後來，龜兔合作，兔子把烏龜馱在背上跑到河邊，然後烏龜又把兔子馱在背上游過河去。這就是「雙贏」，競爭對手也可以是合作夥伴。

古訓：「四海之內皆兄弟。」互相關心、互相愛護、互相幫助更是成為時代的風尚。但也要看到，有些地方過多地強調個人奮鬥，而忽略了應該怎樣與他人合作以取得成功，更忽略了如何在競爭中不傷害別人。目前一些人信奉「叢林哲學」的價值觀，即所謂弱肉強食，優勝劣汰。為了達到個人目的，可以不擇手段，這無疑是極不可取的。要知道，競爭以不傷害別人為前提，競爭以共同提高為原則。競爭不排斥合作，良好的合作促進競爭。在競爭中互相說明達到雙贏才是目的。

從前，有兩個非常饑餓的人得到了一位長者的恩賜：一根魚竿和一簍子鮮活碩大的魚。其中，一個人要了一簍子活魚，而另一個人則要了一根魚竿，於是他們分道揚鑣了。

得到魚的人原地就用乾柴搭起篝火烤起了那些鮮活的魚。把魚烤好以後，他狼吞虎嚥，還沒有品出鮮魚的肉香，轉瞬間就把烤魚吃了個精光，可是魚畢竟是有限的，還沒過幾天，他就把魚全部吃光了。不久，這個人便餓死在了空空的魚簍旁。

而另一個得到魚竿的人，提著他的魚竿朝海邊走去，他忍饑挨餓走了幾天，當他終於能看到遠方蔚藍的大海時，卻用盡了渾身最後一點力氣，再也走不動了。最後他也只能倒在了他的魚竿旁，帶著無盡的遺憾離開了人間。

同樣，又有兩個饑餓的人，他們同樣得到了長者的恩賜：一根魚竿和一簍魚。但他們沒像前兩個人那樣各奔東西，而是商定共同去尋找大海。他們兩個帶著魚和魚竿踏上旅程。在路上，他們每次只烤一條魚，經過艱難的跋涉，他們終於來到大海邊。從此，兩人開始了捕魚為生的日子。幾年後，他們蓋起了自己的房子，有了各自的家庭和子女，有了自己建造的漁船，過上了安定幸福的生活。

我們可以從故事中發現，同樣是面對著魚竿和滿簍的魚，四個人卻有不同的表現：前兩個人只顧眼前利益，得到的只是暫時的滿足和長久的悔恨；後兩個人卻有長遠的眼光，懂得人生的智慧在於目標存高遠但立足於現實，於是兩個人合作，將魚竿和鮮魚的作用發揮到最大，最後過上了自己所希望的幸福生活。

合力雙贏不是更好嗎？既可以發展自己，也可以讓自己得到最大的好處。

在我們的生活中，很多時候一個人的力量總是很有限的，就像孤掌難鳴一樣。所以，要想辦事成功，就要善於與人合作。善於利用和幫助是一個人一輩子需要學會的事情，如何使效果達到最大化，還得自己斟酌。別悶在一大堆事情中間，探出頭來，你會找到更好、更有效率的解決方式，只有這樣才會取得最大的效率。

# 把每個人都當作自己的老師

即使你是一匹能夠日行千里的好馬，有時也必須依賴識途老馬才能找到出路。

——哈佛箴言

在哈佛大學這個人文薈萃之地，每一個人身上都有一些值得別人學習之處。

湯瑪斯・傑弗遜是美國第三任總統，他也許不如喬治・華盛頓和亞伯拉罕・林肯那樣有名，但哈佛學生全都讀過由他起草的《獨立宣言》。雖然傑弗遜是二百多年前的人物，但許多哈佛學生認為，從他身上仍可以學到許多有用的東西。

「每個人都是你的老師。」這是傑弗遜最著名的一句名言。

一七四三年，傑弗遜出生在一個經濟富裕的家庭。他父親是軍中的一名上將，母親則出身於名門世家。不論是從家世背景還是從受教育程度來看，他都屬於社會的上層人士。當時的貴族對一般民眾除了發號施令之外，很少與他們交談。但傑弗遜卻不管這一套，他和家中的園丁、用人、餐廳裡的服務生們都能輕鬆、愉快地交談。

能使人輕鬆、愉快地和你交談絕對是一門高深的學問，千萬別低估它的價值。傑弗遜有一次對法國偉人拉法葉特說：「你必須像我一樣到一般的民眾家裡去坐一坐，看一看他們的菜碗，嘗一嘗他們吃的麵包。只有你這樣做了，你才能理解他們不滿的原因，並且懂得正在醞釀中的法國革命其中的深刻意義了。」

因此，傑弗遜「向每個人學習」的論點是頗受哈佛師生推崇的。

一位哈佛大學的教授指出：「傑弗遜總統的勇氣和理想主義是建築在知識之上的。」在他生活的時代裡，他知道得幾乎比任何人都多。據說他在很年輕時就能夠解釋太陽和星球的運動，並能繪製房屋設計圖、訓練馬匹、拉小提琴等。

傑弗遜有著無窮的潛力和精力，他進行過創造發明的研究，寫過書，發表新的見解並開創了多個領域中的人類活動的新紀元。他還是一位農業專家、考古學家和醫學家。他用來試驗作物的輪種法和土地肥沃保護法，要比美國社會正式推行早了整整一個世紀。他還發明了一架比當時更為先進且完善的犁具。他影響了整個美國的建築業。他經常會製造出一些能方便人們日常生活的設備。

人們對他發明的許多小機器，都如數家珍：如一架能謄寫重要文件的機器、一個能同時標示室內和戶外氣溫的溫度計、一張圓轉桌和許多其他東西。

一七九六年，傑弗遜成了美國哲學界的領袖，這對創立注重自由和進步的美國哲學流派提供了很大幫助。這一流派裡產生了好幾位偉人：一位是著名作家湯瑪斯・潘恩；另一位是班傑明・拉什博士，他對心理學做出了傑出的貢獻；還有一位是發現氧的約瑟・普里斯特利。他們這些人一致認為傑弗遜是他們的領袖，因為他對他們研究的範圍無一不通曉。

熟悉他的人寫道：「傑弗遜外表看來似乎不像總統，倒更像是一位哲學家。他愛好質樸的哲學。在他參加宣誓就任總統的典禮時，他一人獨自騎馬前去，自己把馬拴在欄杆上，然後再去參加典禮。他痛恨『閣下』這一稱呼，而堅持讓人叫他傑弗遜先生。他的身高有七英尺，體格十分強壯。但他的衣服好像總是太小了。他隨意地坐在朋友們中間，臉上帶著開朗的笑容，整個人就是一副輕鬆閒適的樣子。人們常說，他走到哪裡，就會把那種不拘禮節的作風帶到哪裡。」

不妨將每個人都當成自己的老師，虛心求教。倘若你能在路口就知道這是條死胡同，又何必一定要自己花時間再去裡面轉一圈呢？

「不必問自己是成功還是失敗，該問的是你是否保持著學習姿態。」放下虛榮心和面子吧，仔細觀察身邊的人們，你絕對會發現並領受他們身上所湧現出來的寶貴經驗。

# 哈佛大學社交課大公開
## ——從默默無聞到脫穎而出

作者：黃檳傑
發行人：陳曉林
出版所：風雲時代出版股份有限公司
地址：10576台北市民生東路五段178號7樓之3
電話：(02) 2756-0949
傳真：(02) 2765-3799
執行主編：劉宇青
美術設計：許惠芳
行銷企劃：林安莉
業務總監：張瑋鳳

初版日期：2019年11月
版權授權：馬峰
ISBN ：978-986-352-758-9
風雲書網：http://www.eastbooks.com.tw
官方部落格：http://eastbooks.pixnet.net/blog
Facebook：http://www.facebook.com/h7560949
E-mail：h7560949@ms15.hinet.net
劃撥帳號：12043291
戶名：風雲時代出版股份有限公司
風雲發行所：33373桃園市龜山區公西村2鄰復興街304巷96號
電話：(03) 318-1378
傳真：(03) 318-1378
法律顧問：永然法律事務所 李永然律師
北辰著作權事務所 蕭雄淋律師

行政院新聞局局版台業字第3595號 營利事業統一編號22759935


**定價：280元** 

國家圖書館出版品預行編目資料

哈佛大學社交課大公開一從默默無聞到脫穎而出 ／
黃檳傑 著. -- 臺北市：風雲時代，2019.10- 面；公分

ISBN 978-986-352-758-9（平裝）

1.人際關係 2.社交技巧

177.3　　108014616